밍구스 식판

일러두기

유아식을 1인분 기준으로 만들게 되면 아주 소량의 재료를 사용해야 해서 계량이 어려울 수 있기 때문에 책 속 레시피는 만들기 쉬운 양으로 만들었어요. 1회 권장량은 레시피를 참고해주세요.

유아식은 간을 안 하거나 약하게 하는 것이 좋기 때문에 어른의 입에 간이 딱 맞으면 안 돼요. 맛봤을 때 싱겁다 싶은 정도가 좋아요. 하지만 개인차가 있으니 책에 표기된 간장 혹은 소금의 양은 적절하게 조절하시면 돼요.

《밍구스 식판》 속 레시피는 갓 이유식을 뗀 아이(약 15개월)부터 72개월 아이들이 먹기에 적합한 레시피예요. 그래서 책 속 반찬의 크기가 어린 아이가 먹기에 클 수도 있어요. 그럴 땐 요리가 끝난 뒤 아이의 개월 수에 맞게 잘라주시면 됩니다. 처음부터 모든 재료를 작게 자르면 요리 도중에 맛, 식감, 시간의 차이가 생길 수 있어요.

이유식 이후부터 걱정 없는 영양 만점 아이 식판식

밍구스 식판

김민정(밍구) 지음
김형미 감수

CYPRESS
싸이프레스

개정판 PROLOGUE

우리 귀여운 아이들의 유아 식판식을 응원합니다!

아이들이 2살, 4살이던 무렵에 처음 출간한 밍구스 식판이 5년이 흘러 개정판을 낼 수 있게 되어 무엇보다도 독자분들께 정말 감사하다는 인사를 드리고 싶어요. 개정판을 내게 된 가장 큰 계기는 많은 분들께서 꾸준히 책에 관심을 보여주셨기 때문이랍니다. 내 아이가 충분히 먹고 있는 걸까, 필요한 영양분을 골고루 섭취하고 있는 걸까 하는 고민은 모든 엄마들의 공통된 고민이자 과제인 것 같아요. 밍구스 식판과 함께 아이를 키우며 많은 도움을 받았다는 말씀을 들을 때마다 뿌듯하고 감사한 마음과 함께 시간이 꽤 흐른 지금 책을 한 번 더 어루만져주고 꼼꼼하게 들여다볼 필요성이 있다는 생각이 들었답니다.

개정판에는 독자분들이 주셨던 피드백을 반영하여 좀 더 편안하게 따라 하실 수 있도록 정확한 계량법을 추가하였습니다. 물론 기존 방식대로 숟가락과 종이컵으로도 계량이 가능하지만 익숙해질 때까지는 정확한 중량을 체크하는 훈련을 통해 아이들에게 적당한 식사량이 어느 정도인지 파악해나가면 좋답니다. 또한 한창 성장하는 시기의 아이들 식단이니만큼 전문가 선생님의 도움을 받아 영양적으로 충분한지 종합적으로 평가를 한 뒤 일부 수정을 거쳐 더 건강하게 식단을 꾸릴 수 있게 되었어요.

저는 아이들이 성장한 지금도 여전히 식판식을 즐겨 해주고 있답니다. 아이들이 커가면서 고춧가루가 들어간 매콤한 음식도 즐길 수 있게 되고 간의 세기도 좀 더 세지고 먹는 양도 더 많아졌지요. 이제는 엄마, 아빠와 함께 먹을 수 있는 음식 또한 많아졌기 때문에 가끔은 온 가족이 함께 식판식을 하기도 한답니다.

유아식으로 식판식을 시작한 지 몇 해가 지나면서 아이들이 어려워하거나 편식했던 재료들을 아무렇지 않게 잘 먹거나, 새로운 식재료도 호기심을 갖고 스스럼없이 도전하는 모습을 발견할 때면 '아, 그래도 내가 그동안 식판식을 참 잘해왔구나!' 하는 뿌듯함이 크게 찾아오더라고요.

앞으로도 유아식을 어려워하시는 모든 부모님들께 밍구스 식판이 조금이나마 도움을 드릴 수 있다면 좋겠습니다.

밍구 김민정

유아기의 영양공급은 성장 발달에 기초가 됩니다

유아기는 영아기 이후 활동량이 증가하고 두뇌가 완성되면서 인지적 능력이 발달하는 시기입니다. 이 시기에 영양공급은 성장 발달에 기초가 되므로 아주 중요합니다. 그러나 먹이는 일이 그리 만만하지 않습니다. 음식에 대한 개인 기호가 형성되는 시기이므로 편식이나 음식에 대한 거부를 보이고, 면역력이 약해 아프거나 컨디션이 좋지 않을 때는 식욕을 잃기도 합니다. 따라서 충분한 영양 섭취와 올바른 식습관 형성으로 몸과 마음이 건강하게 성장할 수 있도록 관심을 기울여야 할 시기입니다.

유아기의 아이들 식사를 준비하고 잘 먹이는 데는 상당한 노력이 필요한데, 더군다나 영양사처럼 영양의 균형까지 고려해야 한다니 엄마 입장에서는 막막하게 느껴질 수 있습니다. 밥상을 앞에 두고 '내 아이가 충분히 먹고 있는 걸까?', '성장에 필요한 영양소를 골고루 섭취하고 있을까?' 하는 고민이 따라오지요.

다양한 유아 식판식을 소개하는 《밍구스 식판》은 이런 엄마들의 고민을 덜어줄 책이란 생각이 듭니다. 식판식으로 메뉴를 짜다 보면 자연스럽게 다양한 영양을 골고루 담게 되고 맛의 궁합까지 고려하게 됩니다. 아이도 어린 시절부터 다양한 형태와 식감의 요리를 접하며 편식하지 않는 식습관을 기를 수 있고, 아이가 잘 먹지 않는 음식이 무엇인지도 한눈에 파악할 수 있습니다. 처음에는 재료를 계량해서 반찬을 만드는 것이 좀 번거롭게 느껴질 수도 있지만, 하다 보면 자연스레 요령이 붙어 다양하게 응용도 할 수 있고 메뉴 구성도 유연해질 것입니다.

영양의 균형만큼이나 규칙적인 식사시간에 편안하게 식사할 수 있도록 환경을 조성하는 것이 중요합니다. 아이가 좋아하는 색감이나 모양으로 음식을 꾸미거나 요리하는 과정에서 자연스럽게 식재료로 노는 훈련을 통해 음식에 호기심을 가질 수 있도록 하는 것도 좋은 방법입니다. 아직은 혼자 하는 숟가락질이 서툴러 많이 흘리더라도 혼자서도 잘 먹는 날까지 무한 인내심으로 응원한다면 유아기가 지나서도 편식하지 않고 스스로 잘 먹는 건강한 식습관을 가진 아이로 성장해 있을 것입니다.

연세대학교 임상영양대학원 김형미 교수

PROLOGUE

15~72개월 아이를 키우는 엄마들을 위한 유아 식판식

도도형제의 식판을 소개합니다

사랑스러운 첫째 도준이가 태어나면서부터 하나부터 열까지 어려운 숙제가 너무나도 많았어요. 그중에서도 가장 고민되었던 것은 도준이에게 먹일 음식을 만드는 것이었어요. 평소 요리하는 것을 좋아했기에 요리를 하는 것에 대한 두려움이 있었던 건 아니었지만 아이가 먹을 음식이라고 생각하니 어느 것 하나 쉽게 넘어갈 수가 없었거든요. 재료를 선택하는 것에서부터 메뉴 고르기, 싫어하는 반찬들은 또 어떻게 먹여야 하나 등… 꼬리에 꼬리를 무는 고민들이 계속해서 생겨났어요.

그래도 처음엔 열심히 식단을 짜서 밥을 해먹였어요. 그런데 첫째에 이어 둘째까지 태어나게 되니 손이 가는 것이 너무나 많아지더라고요. 언젠가부터 김과 계란찜이 밥상의 단골손님이 되어버렸죠. '한 끼 때우자'라는 정도로만 차려주는 날이 다반사였으니까요. 어느 날 아이들이 밥 먹는 모습을 바라보다 정신이 번쩍 들었어요. 대충 차린 것이 명백한 그 밥상을 보고 아이들에게 미안한 마음이 들더라고요. 그때부터 식판을 사용했어요. 식판을 사용하게 되면 빈 공간이 너무나 눈에 잘 보이고, 꼭 다 채워야겠다는 마음이 들거든요. 차려놓은 반찬들이 한눈에 보이니 어떻게 차려야 영양을 골고루 섭취하게 할 수 있을까 하는 고민도 하게 되었고요.

또 매일 게을러지지 않기 위해 SNS에 식단일기(#뚠밥, #도도형제밥)를 올리기 시작했어요. 하나, 둘 도도형제의 식판들로 SNS가 채워지자 저와 같은 고민을 가지고 있던 엄마들이 많이 방문을 해주시더라고요. 그분들과 친구가 되어 식단 공유도 하고 서로 응원하며 여기까지 오게 된 것 같아 감사한 마음뿐입니다.

제가 처음 아이들 밥을 해주며 많이 어려워하고 고민했던 것만큼 많은 엄마들이 저와 똑같은 고민을 하고 계실 거예요. 그래서 첫 아이의 유아식을 만들어야 하는, 15~72개월 아이를 키우는 초보 엄마들에게 꼭 도움이 되는 책을 만들기 위해 열심히 머리를 짜냈답니다. 2살, 4살 도도형제의 엄마인 제가 지금 시기에 우리 아이들에게 해주고 있는 밥, 국, 반찬, 간식 등 갓 이유식을 떼고 유아식을 시작하는 어린 아이들에게 안심하고 먹일 수 있는 요리들을 선별해 요리가 서툰 엄마, 시간이 부족한 워킹맘들도 따라 할 수 있도록 쉽고 간단하게 담았습니다.

저는 아이들 먹는 모습이 제일 좋고 행복해요. 작은 손으로 서툴게 숟가락질, 포크질을 하며 반찬을 힘겹게 들어 올리고, 작은 입에 한가득 넣어 볼록볼록한 볼, 맛있게 와구와구 씹는 모습이 그렇게 사랑스러울 수가 없어요.

이런 모습과 과정들에 중독되어 매일매일 요리를 하고 있는지도 몰라요. 주방에서 홀로 음식을 준비한다는 것이 힘겹고 외로운 과정일 수는 있지만 사랑하는 가족을 위해서 밥을 한다는 것은 세상에서 가장 의미 있고 아름다운 모습이에요.

그래서 저는 오늘도 내일도 열심히 밥을 합니다.

CONTENTS

CHAPTER 01
아침, 점심, 저녁 할 것 없이 쉽고 간편하게!
매일 먹는 식판식

CHAPTER 02

편식대마왕 아이 입맛까지 단번에 사로잡는

밍구스 아이디어 식판식

CHAPTER 03

반찬 없이 빠르게 차려 먹는

든든한 한 그릇 밥

CHAPTER 04

밥투정 심한 날, 후루룩 소리까지 맛있는

한 그릇 면

CHAPTER 05

소풍 가기 좋은 날, 아이 기분 업 시켜주는

엄마의 마법 도시락

CHAPTER 06

사먹는 과자보다 더 맛있다! 안심하고 먹이는

우리 아이 한입 간식

밍구'S BASIC LESSON 1

요리의 시작은 계량!

밍구의 참 쉬운 계량법

요리용 전자저울을 구비해두면 적은 양도 정확한 계량이 가능해요.
저울 대신 숟가락이나 종이컵을 활용해서 재료를 계량할 수도 있답니다. 이 책의 레시피에는
두 가지 계량법을 모두 활용할 수 있도록 표기해두었어요. 상황에 맞게 활용해보세요.

밥숟가락 계량

가루류 & 다진 재료

밀가루 1숟가락
숟가락 가득 수북하게 떠서 볼록하게 담아요.

밀가루 ½숟가락
숟가락 절반 정도만 볼록하게 담아요.

밀가루 ⅓숟가락
숟가락의 ⅓ 정도만 볼록하게 담아요.

액체류

간장 1숟가락
숟가락 가득하게 떠요.

간장 ½숟가락
숟가락 중앙에 찰랑이게 담길 정도로만 떠요.

간장 ⅓숟가락
숟가락의 ⅓ 정도만 떠요.

손 계량

가루류

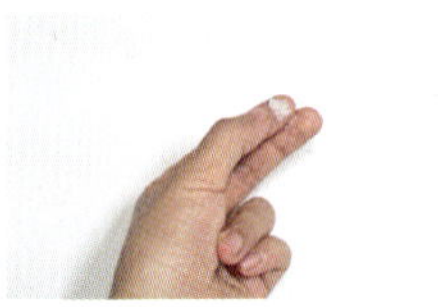

소금 약간
엄지손가락과 검지손가락으로 아주 조금만 집어요.

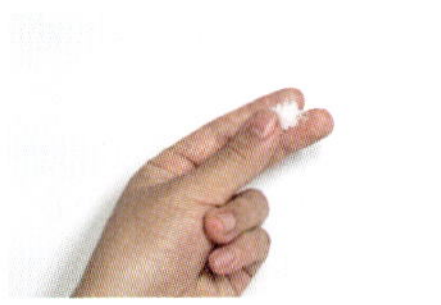

소금 1꼬집
엄지손가락과 검지손가락으로 집을 수 있는 최대치를 집어요.

육류

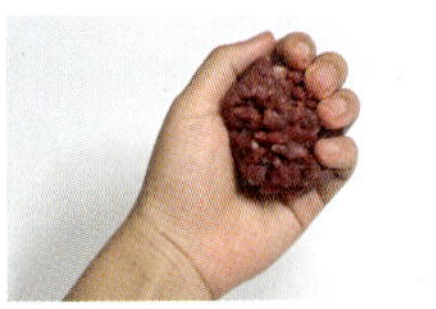

고기 1줌
손바닥 가득 꽉 움켜쥐어요.

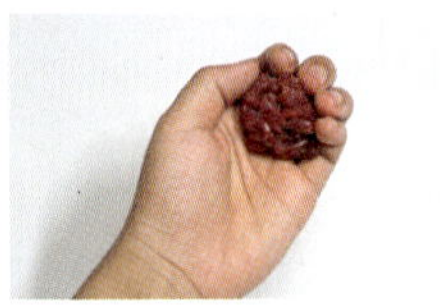

고기 ½줌
손가락 가득 꽉 움켜쥐어요.

채소 ›››

부추 1줌
엄지손가락과 검지손가락 사이로 자연스럽게 가득 쥐어요.

콩나물 1줌
손으로 자연스럽게 가득 쥐어요.

채 썬 양배추 1줌
손바닥 가득 자연스럽게 쥐어요.

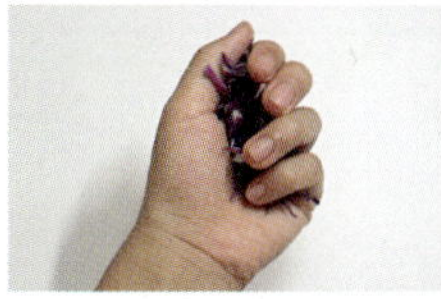

채 썬 양배추 ½줌
손바닥 절반 정도의 양만 자연스럽게 쥐어요.

종이컵 계량

채소류 ›››

채 썬 무 1컵
종이컵 가득 가볍게 솔솔 채워 담아요.

채 썬 무 ½컵
종이컵 절반 정도의 양을 가볍게 솔솔 담아요.

채 썬 무 ⅓컵
종이컵 ⅓ 정도의 양을 가볍게 솔솔 담아요.

액체류 ›››

간장 1컵
종이컵 가득 담아요.

간장 ½컵
종이컵 절반만 담아요.

간장 ⅓컵
종이컵 ⅓만 담아요.

밍구's TIP!

★종이컵 용량은 액체류 계량 시 180ml 기준입니다.

★아이 반찬은 주로 적은 양을 만들어요. 그렇게 때문에 저는 요리를 할 때 지름 약 18~20cm의 작은 프라이팬을 사용한답니다. 재료에 비해 프라이팬이 너무 커버리면 조리 중에 날아가버리는 수분이 많아지기 때문에 재료가 금방 말라버리거나 잘 탈 수 있어요.

★무, 양배추, 당근 같이 크기가 일정하지 않은 재료이거나 아주 소량의 재료만 사용할 때는 누구나 비슷하게 계량할 수 있도록 요리에 사용하기 직전의 형태로 자른 뒤 종이컵에 담아 계량했어요(예: 채 썬 당근 1컵, 채 썬 무 ½컵 등).

밍구's BASIC LESSON 2

아무리 먹어도 질리지 않아!

맛있는 밥 짓기

부드럽게 잘 넘길 수 있는 이유식이 끝나고 유아식을 시작하면서 제일 먼저 고민하게 되는 것이 바로 '밥'인데요. 모든 요리의 가장 기본이 되는 밥! 쌀밥부터 현미밥, 잡곡밥까지 찰지고 맛있게 밥 짓는 법을 담아봤어요.

흰 쌀밥

Ready

쌀 2컵, 물 2컵

Recipe

1 쌀은 찬물에 4~5번 이상 깨끗이 씻어줘요. 이때 너무 힘을 줘서 씻지 말고 손을 갈고리 모양으로 만든 뒤 가볍게 돌리면서 씻어내는 것이 좋아요. 씻은 쌀은 30분간 물에 담가 불려요.

2 체에 밭쳐 물기를 충분히 빼줘요.

3 밥솥에 불린 쌀과 물을 넣고 뚜껑을 닫은 뒤 강불에 올려요. 칙칙 추 돌아가는 소리가 들리면 약불로 줄이고, 약 7분간 익힌 뒤 불을 끄고 10분간 뜸을 들여요.

4 다 익은 밥은 주걱으로 살살 뒤적여요.

1

2

3

4

밍구's TIP!

★냄비나 전기밥솥에 밥을 지을 때도 쌀과 물의 양은 1 : 1 비율로 동일해요.

★저는 주로 압력밥솥에 밥을 해요. 빠른 시간 안에 찰진 밥을 만들 수 있고 적은 양의 밥을 할 때나 식감이 다소 거친 현미밥이나 잡곡밥을 할 때 부드럽게 지어 먹을 수 있다는 장점이 있어요.

잡곡밥

Ready

쌀 2컵, 렌틸콩(또는 잡곡) ²⁄₄컵, 물 2 ²⁄₄컵

Recipe

1 쌀과 렌틸콩(잡곡)을 섞고 찬물에서 4~5번 이상 씻어요. 이때 너무 힘을 주지 말고, 손을 갈고리 모양으로 만든 뒤 가볍게 돌리면서 씻어내는 것이 좋아요. 씻은 쌀은 물에 30분간 담가 불려요.
2 체에 밭쳐 물기를 충분히 빼줘요.
3 밥솥에 불린 쌀과 물을 넣고 뚜껑을 닫은 뒤 강불에 올려요. 칙칙 추 돌아가는 소리가 들리면 약불로 줄이고, 약 10분간 익힌 뒤 불을 끄고 10분간 뜸을 들여요.
4 다 익은 밥은 주걱으로 살살 뒤적여요.

밍구's TIP! ★냄비나 전기밥솥에 밥을 지을 때는 쌀과 물의 양을 1 : 1.2 비율로 넣어주세요.
★책에 나오는 잡곡이 섞인 밥은 쌀과 잡곡의 양을 1 : ¼ 비율로 섞어 밥을 지었어요. 밥을 지을 때 물은 평소보다 조금 더 넣어주는 게 좋아요.

밍구'S BASIC LESSON 3

모든 요리의 기본, 감칠맛 나는
아기육수 만들기

아이 반찬은 간을 약하게 해야 하기 때문에 맛있게 만들기가 참 어려워요.
이럴 때 육수를 활용하게 되면 조미료 없이도 충분히 맛있는 요리를 만들 수 있어요.

아기 멸치다시육수

Ready

국물용 멸치 10~12마리
다시마(5×5cm) 3장
물 5컵

Recipe

1 다시마는 마른 행주로 닦아주고, 멸치는 내장을 제거해요.
2 마른 프라이팬에 멸치를 살짝 볶아 수분을 날리고 비린내를 제거해줘요.
3 냄비에 물을 넣고 다시마, 멸치를 넣어 강불에서 끓여요.
4 끓기 시작하면 1~2분 뒤 다시마를 건져내고 약불로 줄여 15분간 더 끓여요. 중간 중간 끓어오른 거품은 걷어내고, 다 끓인 육수는 체나 면보에 걸러 밀폐용기에 담아 냉장 보관 또는 냉동 보관해요.

유통기한: 냉장 보관 시 2~3일, 냉동 보관 시 약 2주~1달

1

2

3

4

아기 닭육수

Ready

닭(중) ½마리
대파 1개
양파 ¼개
물 8컵

Recipe

1 끓는 물에 닭을 넣고 5분 정도 삶은 뒤 찬물에 헹궈요.
2 데쳐낸 닭은 껍질을 벗기고 날개는 제거해요.
날개 부분은 기름이 많이 나와서 육수를 내기에 적합하지 않아요.
3 냄비에 물을 붓고 닭과 크게 자른 대파, 양파를 넣어 끓여요.
4 끓으면 약불로 줄여 30분간 더 끓인 뒤 닭고기와 채소를 건져내요. 중간 중간 끓어오른 거품은 걷어내고, 다 끓인 육수는 체나 면보에 걸러 밀폐용기에 담아 냉장 보관 또는 냉동 보관해요.
※ 유통기한: 냉장 보관 시 2~3일, 냉동 보관 시 약 2주~1달
※ 건져낸 닭고기는 살만 따로 발라 그대로 드시거나 요리에 활용하세요.

1

2

3

4

밍구'S BASIC LESSON 4

우리 아이 밥 도둑!
밍구표 아기김치

아이 식판의 3개 혹은 4개나 되는 반찬 수를 매일같이 채워 넣는 것이 부담스러울 수도 있어요.
그럴 때 아이용 김치 몇 가지를 미리 만들어 냉장고에 보관해놓으면 얼마나 든든한지 몰라요.

아기 비트무생채

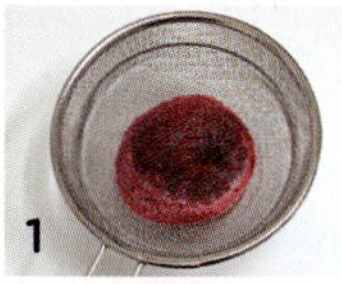
1

2

Ready

채 썬 무 3줌, 채 썬 당근 ½줌 , 소금 ⅓숟가락, 식초 2숟가락, 설탕 1숟가락
비트물 비트 ⅙개, 물 ½컵

Recipe

1 믹서기에 **비트물** 재료를 넣고 곱게 간 뒤 체에 걸러요.
2 껍질을 벗겨 얇게 채 썬 무와 당근, 비트물 5숟가락과 소금, 식초, 설탕을 넣고 조물조물 버무려요. 밀폐용기에 담고 실온에서 반나절 정도 숙성시킨 뒤 냉장 보관해요.

유통기한: 냉장 보관 시 약 2~3주

밍구's TIP!
★2배 식초를 쓸 경우엔 식초의 양을 반으로 줄여주세요.
★간을 세게 하지 않기 때문에 무를 되도록 얇게 썰어야 간이 잘 배어요.
★비트물이 골고루 밸 수 있도록 중간 중간 무생채를 뒤적여주세요.

아기 파프리카깍두기

1

2

3

4

Ready

자른 무 4컵, 소금 ⅔숟가락
설탕 ⅔숟가락, 물 3숟가락
쪽파 약간
파프리카 양념
파프리카 ⅔개, 찹쌀풀 5숟가락
다진 마늘 ⅓숟가락, 새우젓 ⅓숟가락
배 한쪽, 양파 ⅛개
멸치액젓 ⅔숟가락

Recipe

1 무는 작게 깍둑썰기하고 소금과 설탕, 물을 넣고 30분간 절여요.
2 **파프리카 양념**을 만들어요. 채소와 과일은 잘게 썬 뒤 모든 재료를 믹서기에 넣어 곱게 갈아줘요.
3 절인 무(1)는 물에 헹군 뒤 체에 밭쳐 물기를 완전히 제거해요.
4 여기에 파프리카 양념(2)과 쪽파를 넣고 섞어요. 밀폐용기에 담고 실온에 하루 정도 두었다가 김치냉장고에 넣어 보관해요.

유통기한: 냉장 보관 시 약 2~3주

밍구's TIP!
★아이가 신 것을 좋아하면 실온에 반나절 정도 더 숙성시킨 뒤 냉장고에 넣어요.
★소금의 양은 개인 입맛에 따라 조절하세요.

아기 백김치

Ready

배추 ½포기, 채 썬 무 ⅓컵, 채 썬 당근 약간
채 썬 쪽파 약간, 다시마 우린 물 2 ½컵
백김치 양념 배(중) ½개, 양파 ¼개, 마늘 2개
배추절임물 물 10컵, 소금 4 ½숟가락
찹쌀풀 찹쌀가루 1숟가락, 물 1컵

Recipe

1 배추는 4등분한 후 깨끗이 씻어 물기를 빼줘요.

2 **배추절임물**에 배추를 담가 6~7시간 정도 절여요.

배추를 구부렸을 때 줄기 부분이 부러지지 않고 휘면 잘 절여진 거예요.

3 **백김치 양념**을 만들어요. 배는 껍질을 깎아 토막썰기하고, 양파와 마늘도 준비해요.

4 모두 믹서기에 넣고 곱게 갈아준 뒤 냉장고에서 잠시 숙성시켜요.

배추를 절이기 시작할 때 같이 만들어서 숙성시키면 좋아요.

5 당근과 무는 잘게 채썰기하고, 쪽파도 비슷한 크기로 썰어요.

6 **찹쌀풀**을 약불에서 계속 저어가며 5~10분간 끓이고 식혀둬요.

7 절인 배추(2)는 물에 헹구지 말고 물기만 꼭 짜줘요.

물에 헹구지 않아야 백김치 양념을 부었을 때 간이 적절하게 배어요.

8 숙성된 백김치 양념(4)은 체에 한 번 거른 뒤 찹쌀풀과 다시마 우린 물(p.26 참고)을 넣어 섞어요.

9 배추를 밀폐용기에 담고 당근, 쪽파, 무와 8번 양념을 부어줘요. 실온에 1~2일 정도 두었다가 김치냉장고로 옮겨 보관해요.

유통기한: 냉장 보관 시 약 2~3주

밍구's TIP!

★아이김치는 최대한 간을 약하게 하기 때문에 유통기한이 길지 않아요. 또 김치가 너무 익으면 아이가 잘 먹지 않으니 조금씩 자주 만들어 먹이는 것이 가장 좋아요.
★마지막 과정(9)에서 양념을 붓기 전, 절인 배추를 너무 큰 밀폐용기에 담지 않도록 해주세요. 배추가 양념에 적어도 ⅔ 이상 잠길 수 있도록 하는 것이 좋아요.
★갓 담근 김치를 맛보면 간이 약해서 아무 맛이 없다고 생각할 수 있으나 숙성 뒤엔 맛있어지니 걱정하지 마세요.

아기 피클

Ready

오이 1개, 자른 무 1컵

피클물 물 3컵, 소금 ⅕ 숟가락, 식초 ½컵, 설탕 ⅓컵

레몬 슬라이스 1조각

Recipe

1 냄비에 유리 밀폐용기와 찬물을 넣고, 한 번 끓여서 소독해줘요.

찬물에서부터 끓여야 유리용기가 깨지지 않아요.

2 오이는 소금으로 박박 문지른 뒤 깨끗이 씻어줘요.

3 무는 깍둑썰기, 오이는 통썰기해요.

4 **피클물** 재료를 냄비에 넣고 끓으면 불을 꺼줘요.

오래 끓이면 식초의 맛이 날아갈 수 있으므로 끓으면 바로 불을 끄는 게 좋아요.

5 유리 용기에 오이와 무를 넣고 팔팔 끓는 피클물을 넣어줘요.

끓는 물을 넣어야 오이와 무가 아삭아삭해져요.

6 공기가 들어가지 않도록 밀폐해 실온에서 반나절 정도 숙성시킨 뒤 냉장 보관해요.

유통기한: 냉장 보관 시 약 2주

밍구's TIP!

★갓 이유식을 뗀 아이일 경우 식초의 양을 ⅓컵으로 줄이는 게 좋아요.

★2배 식초를 사용할 경우 식초의 양은 ⅓컵만 넣어요.

밍구'S BASIC LESSON 5

초보 요리사의 든든한 지원군

밍구표 아기만능간장 & 아기케첩

간장과 케첩은 아이밥상에 빼놓을 수 없는 숨은 공신들이죠.
저는 아기만능간장과 케첩은 따로 만들어 두고두고 요리에 활용하곤 합니다. 만드는 법도 간단해요.
정성스레 만들어 냉장고 속을 채우면 마음까지 든든해집니다.

아기만능간장

만들어두면 우리 아이 반찬에 아주 유용하게 쓰여요.
표고버섯이 들어가 감칠맛이 좋고 일반 간장보다 염분이 낮아 안심하고 먹일 수 있어요.

Ready

물 1.5ℓ, 진간장 ⅘컵(150ml), 사과 1개, 배 ½개, 양파 ¼개
마른 표고버섯 4개, 멸치 15마리, 다시마(5×5cm) 3장

Recipe

1 사과와 배는 껍질을 깎은 뒤 씨 부분을 도려내고, 멸치는 내장을 제거해요. 냄비에 물과 간장을 10:1의 비율로 넣은 뒤 모든 재료를 다 넣고 팔팔 끓여요.

2 끓으면 다시마를 건져낸 뒤 중불에서 10분, 다음 약불에서 10분간 더 끓여요.

다시마를 오래 끓이면 육수에서 떫은 맛이 날 수도 있으니 물이 끓으면 바로 건져요.

3 불을 끄고 천천히 재료의 깊은 맛이 우러날 수 있도록 반나절에서 하루 정도 둬요.

국물을 진하게 우려내겠다고 오랜 시간 끓이면 염분이 높아질 수 있어요.

4 건더기는 체에 걸러 건져내고 간장은 밀폐용기에 담아 냉장 보관해요.

유통기한: 냉장 보관 시 2주

밍구's TIP! ★책 속 요리에는 접근이 쉽게 일반 간장을 사용했어요. 아이가 먹을 음식인 만큼 적은 양을 사용했지만 불안하거나 갓 이유식에서 넘어온 아이라면 시판 아기 전용 간장 또는 밍구표 아기만능간장을 만들어 요리에 사용하세요.
★책에 적힌 간장의 양보다 2~3배 정도 늘려서 사용하세요(예: 간장 1숟가락→아기 간장 2~3숟가락).

아기케첩

직접 만든 아기케첩은 당도와 염분이 낮아 안심하고 먹일 수 있어요. 빈혈 예방에 좋다는 비트를 넣어봤어요. 비트가 단맛을 더해주고 붉은 빛깔을 더 선명하게 만들어줘 먹음직스럽게 만들어줍니다.

1

2

3

4

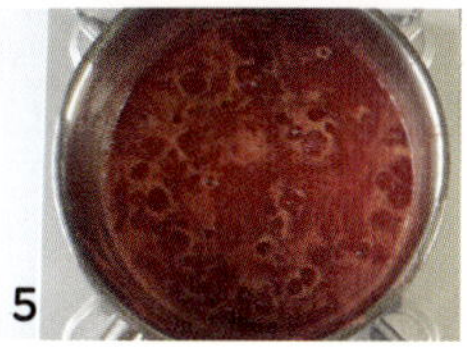

5

Ready

토마토(중) 5개, 양파 ¼개, 비트 ¼개

식초 ½숟가락, 설탕 2숟가락, 전분물 6숟가락

Recipe

1 양파와 비트는 깍둑썰기하고, 토마토에는 십자모양으로 칼집을 내줘요.

2 토마토는 끓는 물에 넣어 1분간 삶은 뒤 찬물로 헹구고 껍질을 벗겨요.

3 믹서기에 토마토, 양파, 비트를 넣고 곱게 갈아준 뒤 냄비에 붓고 중불에서 5분간 끓여요. 끓는 중간 올라오는 거품은 걷어내요.

비트를 넣으면 색이 진해지고 맛도 더 좋아져요.

4 설탕, 식초를 넣은 뒤 전분물을 천천히 나눠 넣어 걸쭉하게 농도를 조절해줘요.

5 약불에서 5~10분간 더 끓인 뒤 밀폐용기에 담아 냉장 보관해요.

유통기한 : 냉장 보관 시 2주

밍구's TIP!

전분물 만들기

감자전분가루와 물을 1 : 3의 비율로 섞어주세요.

밍구'S BASIC LESSON 6

우리 아이 채소 먹이기 대작전

샐러드소스

샐러드를 반찬으로 활용하면 아이들에게 부족한 채소를 보충해줄 수 있어요. 새콤달콤 고소한 드레싱을 활용하면 아이들이 더욱 맛있게 채소를 즐길 수 있답니다. 어린 아이들에게 채소를 많이 먹이고 싶으면 자주 노출시켜주는 것이 중요해요. 채소를 싫어하는 아이에게 채소 그림을 보여주거나 매주 3회 이상 채소를 소재로 놀이를 하면 채소 섭취량이 2배 이상 늘어나는 효과가 있다고 해요. 어릴 때부터 다양한 채소를 즐길 수 있도록 자주 메뉴에 활용해보세요.

요거트소스

Ready

그릭요거트 2숟가락, 식초 ½숟가락
올리고당 ½숟가락

Recipe

볼에 재료를 모두 넣고 잘 섞어주세요.

타르타르소스

Ready

마요네즈 2숟가락, 다진 피클 2숟가락
올리고당 ½숟가락, 식초 ½숟가락

Recipe

볼에 재료를 모두 넣고 잘 섞어주세요.

머스타드마요소스

Ready

마요네즈 1숟가락, 허니머스타드 ½숟가락
올리고당 ½숟가락

Recipe

볼에 재료를 모두 넣고 잘 섞어주세요.

오리엔탈소스

Ready

간장 1숟가락, 올리고당 ½숟가락
참기름 ½숟가락, 통깨 ½숟가락

Recipe

볼에 재료를 모두 넣고 잘 섞어주세요.

흑임자깨소스

Ready

검은깨 1숟가락, 통깨 ½숟가락, 마요네즈 4숟가락
올리고당 1숟가락, 식초 1숟가락

Recipe

재료를 믹서에 모두 넣어 갈거나 볼에 잘 섞어주세요.

밍구'S BASIC LESSON 7

알아두면 편한 요리 정보!
재료 손질법 & 요리 팁

요리 시작 전, 사전작업이 필요한 재료들이 있어요.
여유가 있을 때 미리미리 해두면 요리 시간이 단축되지요.
지금, 요리 초보들이 알아두면 편한 쉬운 재료 손질법을 소개합니다.

재료 썰기

1 부채꼴썰기
애호박, 당근 등 둥근 재료를 십자 모양으로 4등분한 뒤 얇게 썰어요(예: 된장찌개, 호박나물 등).

2 깍둑썰기
재료를 주사위 모양으로 작고 네모지게 썰어요(예: 깍두기, 마파두부 등).

3 편썰기
마늘, 밤, 생강 등을 슬라이스하듯 얇게 썰어요(예: 마늘멸치볶음, 생선조림 등).

4 다지기
재료를 여러 번 칼질하며 잘게 썰어요(예: 볶음밥, 주먹밥 등).

5 송송썰기
파와 같이 가늘고 긴 재료를 끝에서부터 송송 썰어요(예: 된장찌개, 사골국 등).

6 통썰기
재료의 형태를 그대로 살려 썰어요(예: 호박전, 가지구이 등).

7 채썰기
당근이나 파프리카 등의 채소를 가늘고 길게 썰어요(예: 호박볶음, 감자채전, 오이냉국 등).

8 나박썰기
재료를 납작하고 네모지게 썰어요(예: 소고기뭇국, 물김치 등).

필수 재료 손질법

미역

1 미역이 충분히 잠길 만큼 넉넉한 양의 물에 최소 30분간 미역을 담가 불려줘요.

2 깨끗한 물에 바락바락 여러 번 주물러 씻어내고 물기를 꽉 짜요.

3 아이의 개월 수에 맞게 먹기 좋은 크기로 잘라 요리에 사용해요.

새우

1 새우의 머리와 꼬리를 떼고 껍데기를 벗겨요.

손질 후 남은 새우껍데기는 따로 모아 마른 프라이팬에 볶은 뒤 해물육수를 만들 때 같이 넣어주면 좋아요.

2 이쑤시개나 포크로 새우 등 부분 두 번째 마디를 찔러 까만 내장을 쏙 빼내고 찬물에 깨끗이 씻어줘요.

1 2-1 2-2

닭고기

1 찬물에 깨끗이 씻은 뒤 우유에 담가 10~30분간 재워요. 고기 잡내가 제거되고 고기가 연해져요.

2 뼈째 사용할 닭고기는 그대로 두고, 살코기만 있는 닭고기는 먹기 좋은 크기로 잘라주거나 익힌 뒤 결대로 찢어줘요.

콩나물

1 콩나물 머리 부분에 있는 껍질을 제거하고 찬물에 담가 여러 번 씻어내요.

2 꼬리 부분에 지저분한 것들은 떼어내고, 아이의 개월 수에 맞게 먹기 좋은 크기로 잘라 요리에 사용해요.

아욱

1 줄기 부분을 꺾어 질긴 겉껍질을 벗겨내요.

2 깨끗한 물에 바락바락 주물러 2~3번 씻어내 이물질을 제거하고 깨끗이 씻어낸 뒤 요리에 사용해요.

1

연근

1 연근을 깨끗이 씻어 껍질을 벗기고 모양을 살려 적당한 크기로 잘라요.

2 볼에 연근이 잠길 만큼 물을 담고 연근과 식초 2~3방울을 넣어요. 약 10분간 두었다가 깨끗한 물에 충분히 헹궈내면 연근 특유의 아린 맛이 제거되고 갈변을 막아줘요.

너무 오랜 시간 식초물에 담가두면 연근에 식초 맛이 밸 수 있으니 주의하세요.

돼지 등뼈

1 찬물에 3~4시간 이상 담가 핏물을 빼요. 중간중간 물을 갈아 주면 더 좋아요.

2 냄비에 넉넉히 물을 붓고, 등뼈를 넣어 강불에서 5~10분간 끓여요.

3 물은 버리고 돼지 등뼈는 흐르는 물에 깨끗이 씻어요. 이때 등뼈에 붙어있는 기름도 같이 제거해줘요.

1

2

3

바지락

1 바지락은 소금 ½줌을 뿌려 껍데기가 깨지지 않도록 가볍게 힘을 주며 박박 여러 번 씻어요.

2 볼에 바지락이 잠길 만큼 물을 담고 바지락과 소금 1줌을 넣은 뒤 검은 봉지를 씌워서 냉장고에 넣어요. 이때 봉지 바지락은 20~30분, 일반 바지락은 최소 3시간 이상 해감시키는 것이 좋아요.

2

다시마 우린 물

찬물 3컵에 다시마(5x5cm) 3장을 넣고 반나절 이상 우려요. 급하게 필요한 경우에는 냄비에 다시마를 넣고 끓기 시작하면 불을 끄고 10분 정도 우린 뒤 다시마를 건져내요.

꽃게

1 칫솔로 구석구석 깨끗이 닦아내고 등딱지와 몸통을 분리해요.

2 아가미와 날카로운 다리 끝부분을 가위로 잘라내요(등딱지에 붙은 모래집도 제거해요).

3 4등분으로 잘라줘요.

배 부분이 뾰족하고 좁은 삼각형 모양이면 수컷, 둥글고 완만한 모양이면 암컷이에요.

황태

1 황태는 머리와 껍질을 제거하고, 물에 담가 3분간 불려요.

손질 후 남은 황태 머리와 껍질은 따로 모아 육수를 만들 때 같이 넣어주면 좋아요.

2 아이 개월 수에 맞게 먹기 좋은 크기로 찢은 뒤 물기를 꼭 짜고 요리에 사용해요.

가자미

1 내장을 빼고 등 부분을 칼등으로 살살 긁어낸 뒤 흐르는 물에 깨끗이 씻어요.

2 앞뒤로 소금 ½숟가락을 뿌려 10~30분간 절여요. 이 과정에서 살이 단단해지고 약간의 간이 배어요.

3 쌀뜨물에 10~30분간 담갔다 건져내 요리에 사용해요. 이 과정에서 비린내가 제거돼요.

오징어

1 다리와 몸통을 분리해요.
2 오징어 배를 가른 뒤 내장과 뼈를 제거하고, 다리 윗부분의 이빨과 먹물을 가위로 제거해요.
3 몸통 껍질 가장자리에 길게 칼집을 낸 뒤 키친타월로 껍질을 잡고 쭉 당겨 벗겨줘요(물기가 없어야 껍질이 잘 벗겨져요.).
4 다리에는 굵은 소금을 뿌려 박박 주물러 씻어내 빨판의 이물질을 제거해요.
5 물에 깨끗이 씻어요.

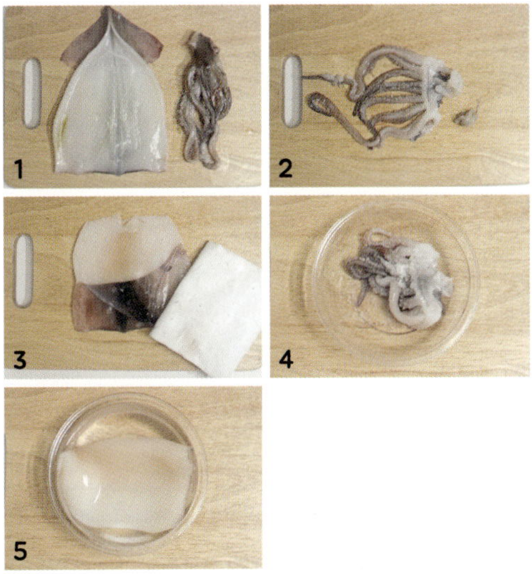

표고버섯

1 밑동을 가위로 자르고, 손바닥에 탁탁 내려쳐 갓의 안쪽 부분에 묻은 이물질을 털어내요.
2 흐르는 물에 살살 씻어요.

토마토소스 만들기

Ready

토마토 1개, 다진 양파 1숟가락
다진 파프리카 1숟가락, 간장 $\frac{1}{3}$숟가락, 꿀 $\frac{1}{2}$숟가락

Recipe

1 토마토는 십자 모양으로 칼집을 내고 끓는 물에 살짝 데쳤다가 찬물에 담근 뒤 껍질을 제거해요.
2 껍질을 벗긴 토마토는 듬성듬성 썰어준 뒤 믹서기에 넣고 곱게 갈아요.
3 파프리카와 양파를 곱게 다져요.
4 달군 냄비에 식용유를 약간 두르고 다진 채소를 넣어 중불에서 30초간 볶아요.
5 냄비에 **2**를 붓고 강불에서 끓이다가 끓으면 약불로 줄여요.
6 간장과 꿀을 넣고 약불에서 5~10분간 걸쭉해질 정도로 끓여요.

밍구'S BASIC LESSON 8

편식 없이 맛있게!

밍구네 밥 잘 먹이는 법

식사시간은 전쟁터와 다름이 없어요. 숟가락이 날아다니고 밥알이 사방에 흩날리지요.
밥을 먹이려는 엄마와 먹지 않으려는 아이의 팽팽한 긴장감이 감돌기도 해요.
그 과정에서 터득한 밍구네 집만의 밥 잘 먹이는 법을 소개합니다.

① 아이와 같이 식사 준비를 해요.

조물조물 밀가루 반죽으로 동물, 채소 모양도 만들어보고 두부를 신나게 으깨보기도 하고 재미있게 놀면서 만든 재료로 칼국수, 쿠키, 동그랑땡 등을 만들어보세요. 매일은 힘들지만 아이의 밥 거부가 심한 시기에, 한 번쯤 같이 해보는 것도 아이에게 식사시간은 즐거운 시간이라는 인식을 심어주기에 좋은 기회가 됩니다.

② 아이가 새로운 반찬을 먹었을 때 아주 큰 리액션을 보여주세요.

"우와, 도준이 아빠처럼 키가 엄~청 커지겠다!", "최고, 최고 멋쟁~이" 등 오바스럽다 싶을 정도로 엄마가 반응을 보여주면 으쓱해하면서 평소 안 먹던 반찬도 잘 먹어준답니다.

③ 갓 만든 반찬처럼 데워주세요.

우리 도도형제는 갓 만든 반찬은 잘 먹지만 냉장고에 한 번 들어갔다 나온 반찬은 귀신같이 알아채고 안 먹더라고요. 매번 신선한 재료로 해 먹이면 좋지만 사실 너무 힘들잖아요. 이럴 땐 2~3일의 양을 미리 만들고, 한 끼에 먹을 양만 덜어서 전자레인지에 살짝 돌려 따뜻하게 주세요.

④ 엄마, 아빠 모두 모여 식사를 하는 게 좋아요.

아이가 어릴수록 밥 한 번 먹이는 일이 수월하지 않지요. 흘리거나 밥풀이 여기저기 휘날리기도 하고... 그래서 보통 아이를 먼저 먹이고 어른들은 이후에 식사를 하는 경우가 있는데요. 그러기보다는 엄마, 아빠와 함께 식사하며 어른들의 행동을 자연스럽게 보여주는 것이 가장 좋답니다. 또 엄마의 마음가짐도 중요해요. 흘리는 것을 두려워하는 것보다는 마음을 살짝 내려놓고 지켜봐주세요. 그래야 아이도 더 편하고 자유롭게 식사를 즐길 수 있게 돼요.

⑤ 식사시간에는 한곳에서 정해진 시간 안에 규칙적으로 먹는 것이 좋아요.

절대 아이를 따라다니면서 밥을 먹이지 않도록 해요. 정해진 식사시간 안에 밥을 먹으려고 하지 않으면 이후에도 밥을 먹을 수 없다는 걸 확실하게 알려주세요. 꾸준히 인식시켜주면 한자리에 앉아서 밥 먹는 시간이 점점 늘어납니다.

SPECIAL LESSON

유아기 영양관리

유아기의 신체적 발육 특징을 알아볼까요?

아이들은 쑥쑥 큽니다. 키는 연간 7~8cm씩 자라서 만 4세에는 출생 시의 2배로 성장합니다. 체중은 연간 약 1.8~2.7kg 증가합니다. 개인의 차이는 있을 수 있으나 꾸준히 성장하고 있는지 관찰하고 필요 시 전문가의 상담을 받도록 합니다. 체중은 단기간의 영양 상태를 반영한다면 키는 장기적인 영양 상태를 반영합니다. 물론 부모님의 유전자를 무시할 수는 없으나, 영양 상태를 잘 유지한다면 극복할 수 있습니다.

유아기의 하루 영양소 섭취 기준은?

보건복지부에서 5년마다 국민의 체격이나 식습관 등을 조사하여 하루 영양소 섭취 기준을 발표합니다. 그중에 유아기에 필요한 에너지와 이 시기에 중요한 영양소인 단백질, 칼슘, 철분의 하루 섭취 권장량을 참고하기 바랍니다.

연령	체중	신장	에너지	단백질	칼슘	철분
1~2세	11.7kg	85.8cm	900kcal	20g	500mg	6mg
3~5세	17.6kg	105.4cm	1400kcal	25g	600mg	7mg

유아기 하루 영양소 섭취 기준 (보건복지부, 2020)

3~5세가 되면 성장이 빨라지고 활동량이 많아지면서 필요한 에너지량이 1~2세 때보다 150% 이상 증가합니다. 따라서 식사량을 늘려야 하나, 유아기의 신체 크기나 소화 능력은 아직 성인에 미치지 못하기 때문에 이를 고려해 부피가 작고 영양밀도가 높은 식품으로 필요한 영양을 충분히 섭취하도록 해야 합니다.

유아기에 꼭 필요한 영양소는 어떤 것이 있을까?

영양소	기능	대표 음식
탄수화물	아이가 활동할 때 필요한 에너지원으로 사용되는 영양소이다. 특히 뇌가 활동할 때는 탄수화물의 가장 기본 영양소인 포도당만을 에너지원으로 사용한다. 활동량이 늘어남에 따라 탄수화물의 섭취를 늘려주어야 한다.	밥, 빵, 면, 떡, 고구마, 감자
지방	지방은 에너지원일 뿐만 아니라, 에너지 저장 창고의 역할을 한다. 특히 필수지방산은 뇌세포와 세포막에 중요한 재료로서 매일 식품을 통해 공급되어야 한다.	콩기름, 참기름, 들기름, 견과류, 버터
단백질	근육, 세포, 피부 등 몸을 구성하는 중요한 영양소로 부족하면 면역력이 떨어지고 성장에 문제가 생긴다. 단백질의 절반은 필수아미노산이 풍부한 동물성 단백질로 섭취하도록 한다.	소고기, 돼지고기, 닭고기, 오리고기, 생선, 계란, 콩, 두부
섬유소	배변을 원활하게 하고 콜레스테롤이나 독성물질의 체내흡수를 막는다.	미역, 고구마, 연근, 귀리, 사과, 바나나
비타민, 무기질	적은 양이 필요하지만 부족할 때는 신진대사나 생리 기능에 영향을 미치는 필수적인 영양소이다.	비타민A(당근, 치즈, 계란노른자) 비타민B(돼지고기, 바지락, 콩, 시금치) 비타민C(브로콜리, 파프리카, 레몬, 오렌지) 비타민D(생선, 목이버섯) 비타민E(시금치, 아몬드, 고구마, 올리브오일) 비타민K(양배추)
칼슘	아이의 키 성장과 튼튼한 뼈를 만드는 데 필수 영양소이다.	우유, 치즈, 요거트
철분	철분은 혈액의 중요한 성분이다. 철분이 부족하게 되면 빈혈이 발생할 수 있으며, 빈혈은 아이들의 성장과 두뇌 발달에 치명적일 수 있다.	고기류, 계란노른자, 간, 녹색 채소류

유아식을 어떻게 설계하면 될까요?

영양소 섭취 기준을 참고하여 아이에게 필요한 음식과 식품을 선택하여 적정한 양으로 하루 식단을 설계합니다. 아이에게 필요한 영양소는 많은 데 비해 체격은 작고, 소화력은 약합니다. 한 끼에 먹을 수 있는 양이 많지 않아 하루 세 끼 식사량만으로 부족할 수 있으니 식사 사이에 2회 정도 간식을 활용해야 합니다.

미국 농무부(USDA)에서 건강한 식습관을 위해 개발한 '마이플레이트(My plate)'에서는 동그란 접시를 네 칸으로 나눠 40%는 채소를, 30%는 통곡물을, 20%는 단백질 식품(콩·두부·고기·생선 등)을, 10%는 과일을 담아 먹도록 제안합니다. 성인은 물론 아이들 식사도 이렇게 식판이나 큰 접시를 활용해 한 끼 식단에 다양한 영양소를 골고루 담는 습관을 들이면 영양을 균형 있게 챙길 수 있습니다.

한 끼를 구성하는 식품을 한두 가지 식품으로 한정하지 말고 되도록 매일 다양하게 구성합니다. 채소 반찬은 두 가지 이상을 포함시키고 양질의 단백질을 충분히 공급할 수 있도록 매끼에 고기류, 생선류, 계란, 콩, 두부 중 한 종류는 꼭 포함시켜주세요. 또한 칼슘의 대표 급원 식품인 우유나 치즈 등의 유제품, 비타민과 섬유질을 보충하는 과일을 하루에 1~2회 간식으로 주도록 합니다.

Calcium
Vitamin
Carb
Protein

CHAPTER

01

아침, 점심, 저녁 할 것 없이
쉽고 간편하게!

매일 먹는 식판식

이유식을 떼고 유아식으로 넘어갈 무렵, 엄마들의 고민은 커져만 가지요.
'뭘 먹이지?', '영양은 충분한가?', '잘 먹이고 있는 걸까?' 아이들이 일반식과 처음 만나는 순간인 만큼
기분 좋은 경험으로 기억될 수 있도록 맛과 영양 모두 꼼꼼하게 신경 써서 먹이고 싶어요.
육아에 힘쓰느라 촉박한 시간을 효율적으로 활용할 수 있는
쉽고 빠른 매일 반찬들로 맛과 영양 두 마리 토끼를 잡아볼까요?

두부계란 볶음	배추찜
밥	된장뭇국

부드러움으로 완전 무장한 밥상

배추찜 · 된장뭇국 · 두부계란볶음

끓일수록 시원한 무를 넣은 된장국과 푹 찐 배추의 달큰한 매력에 빠져들어요!
심심할 수 있는 두부에 계란을 입혀 담백함으로 무장했어요.

영양 노트

- 15~24개월은 밥 1/3공기(80~90g), 25~60개월은 1/2공기(120~130g) 정도가 적당해요.
- 두부와 계란을 함께 먹으면 동물성 단백질과 식물성 단백질을 골고루 섭취할 수 있습니다. 배추는 섬유질이 많아 변비가 있는 아이에게 좋습니다.

KIDS FOOD 1

배추찜

3회분

배춧잎(속 부분) … 5~6장(150g)

양념간장

물 … 2숟가락(20g)

진간장 … ⅔숟가락(4g)

다진 파프리카 … 1숟가락(15g)

다진 부추 … 1숟가락(7g)

매실청 … ⅔숟가락(7g)

1 배춧잎은 속 부분으로 준비하고, 파프리카와 부추는 잘게 다져요.

2 찜기 안에 물이 끓어오르면 배춧잎을 넣고 10~15분간 쪄줘요.

3 익은 배춧잎은 한입 크기로 작게 잘라요.

4 **양념간장** 재료를 잘 섞어줘요.

매실청이 없는 경우 올리고당으로 대체해도 좋아요.

5 배추 위에 양념간장을 적당히 부어요.

KIDS FOOD 2

된장뭇국

3회분

자른 무 … 1컵(100g)
멸치다시육수 … 2½컵(450g)
된장 … ⅓숟가락(10g)
송송 썬 부추 … ½숟가락(5g)

1 무는 껍질을 벗긴 뒤 얇게 나박썰기해요.

갓 이유식을 뗀 아이라면 무를 더 잘게 잘라주세요.

2 냄비에 육수를 붓고 된장을 풀어줘요.

3 무를 넣고 강불에서 팔팔 끓여요.

4 끓기 시작하면 중불로 줄인 뒤 5~10분간 끓이고 송송 썬 부추를 넣어요.

무가 투명하게 변하며 푹 익을 때까지 끓여주세요.

KIDS FOOD 3

두부계란볶음

3회분

계란 … 1개(60g)
두부 … ¼모(80g)
소금 … 약간
들기름 … 약간

1 볼에 계란과 소금을 넣어 잘 풀어주고, 두부는 깍둑썰기해요.

2 중불로 달군 프라이팬에 들기름을 두르고 계란물을 부은 뒤 두부를 넣어요.

3 계란이 익으면서 몽글몽글 방울이 터지면 약불로 줄인 뒤 골고루 휘저으며 완전히 익혀요.

두부가 으깨져도 괜찮으니 신나게 휘저어주세요.

바쁜 아침 뭉쳐! 뭉쳐! 초스피드 주먹밥

돼지고기주먹밥 · 두부계란국

바쁜 엄마들에겐 몸이 2개여도 부족한 아침.
엄마를 원더우먼으로 만들어줄 초스피드 초간단 주먹밥 식단입니다.
빨리 만들어서 아이 입에 쏙쏙 넣어주세요.

영양 노트

- 돼지고기주먹밥은 15~24개월은 2회분, 25~60개월은 1회분으로 적당한 분량이에요.
- 어린잎채소에 요거트소스(p.22 참고)를 뿌려서 곁들여주면 채소를 간편하게 보충할 수 있어요.

KIDS FOOD 1

돼지고기 주먹밥

1~2회분

다진 돼지고기 … ½줌(40g)
흰 쌀밥 … ½공기(130g)
진간장 … ½숟가락(3g)
올리고당 … ½숟가락(5g)
참기름 … 1숟가락(8g)

1 달군 프라이팬에 참기름을 약간 두르고, 다진 돼지고기를 넣어 약불에서 주걱으로 으깨며 고슬고슬하게 볶아요.

2 고기가 갈색 빛이 돌 정도로 익으면 간장과 올리고당을 넣고 중불에서 1분간 더 볶아요.

3 밥에 볶은 고기와 참기름을 넣고 조물조물 한입 크기로 뭉쳐줘요.

밍구's TIP! 아이들 주먹밥은 너무 세게 꾹꾹 눌러 뭉쳐 만들게 되면 단단해져서 먹기 힘들 수 있으니 적당한 힘 조절이 필요해요. 여기에 냉장고 속 채소를 잘게 다져 고기와 같이 볶아 만들면 색감도 좋아지고 영양도 높아진다는 사실! 단, 물이 많은 채소를 섞게 되면 밥이 잘 뭉쳐지지 않으니 피하는 것이 좋아요.

KIDS FOOD 2

두부계란국

3회분

두부 … ¼모(80g)
계란 … 1개(60g)
멸치다시육수 … 2½컵(450g)
국간장 … ½숟가락(3g)
다진 파 … 1숟가락(10g)

1 두부는 작게 깍둑썰기하고, 계란은 잘 풀어요.

2 냄비에 육수를 붓고 끓으면 두부를 넣고 저은 뒤 국간장을 넣어요.

3 약불로 줄인 뒤 계란물을 원을 그리듯 부어요.

4 강불에서 한 번 끓어오르면 다진 파를 넣어요.

국을 휘저을 때는 한 방향으로 저어야 국물이 탁해지지 않아요. 계란을 넣은 뒤 국을 오래 끓이지 않아야 부드러운 계란의 식감을 느낄 수가 있어요.

애호박볶음	당근새우전
밥	얼갈이콩나물국

당근과 새우가 듬뿍! 균형 잡힌 한 끼!

얼갈이콩나물국 · 당근새우전 · 애호박볶음

아이들 식단의 단골메뉴인 된장국에 얼갈이배추와 콩나물을 넣어 감칠맛을 더하고
새우를 당근과 같이 고소하게 부쳐내 맛과 영양을 듬뿍 챙겼어요.
새우와 잘 어울리는 애호박볶음까지 곁들이면 간단하면서도 균형 잡힌 한끼 식단이 완성돼요.

영양 노트

- 15~24개월은 밥 1/3공기(80~90g), 25~60개월은 1/2공기(120~130g) 정도가 적당해요.
- 다양한 채소와 새우, 식물성 기름으로 영양의 균형이 잘 맞추어진 한 끼 식사입니다. 얼갈이콩나물국은 아이의 발육 상태에 따라 잘게 썰어주는 것이 좋습니다.

KIDS FOOD 1

얼갈이 콩나물국

3회분

얼갈이배추 … 2줌(100g)
콩나물 … 1줌(75g)
멸치다시육수 … 4컵(720g)
양파 … ⅙개(40g)
대파 … ¼대(20g)
된장 … ½숟가락(15g)

1 얼갈이배추는 깨끗이 씻어 끓는 물에 1분간 데친 뒤 찬물에 헹궈 물기를 꼭 짜요.

2 손질한 콩나물(p.25 참고)은 깨끗이 씻어줘요.

3 데친 얼갈이배추는 먹기 좋은 크기로 썰고 양파는 채썰기하고 대파는 송송 썰어 준비해요.

4 육수에 된장을 풀고 데친 얼갈이배추와 양파를 넣어 약 3분간 끓여요.

5 여기에 콩나물, 대파를 넣고 중약불에서 10분간 끓여 완성해요.

KIDS FOOD 2

당근새우전

3회분

당근 … ⅓개(80g)
새우(중) … 2마리(60g)
부침가루 … ½컵(45g)
물 … ½컵(90g)
식용유 … 약간

1 당근은 채썰기하고, 손질한 새우(p.25 참고)는 잘게 다져요.

2 부침가루와 물을 섞어 반죽한 뒤 1의 재료를 넣고 골고루 섞어요.

3 달군 프라이팬에 식용유를 두르고 반죽을 한 숟가락씩 올려 중약불에서 앞뒤로 3분씩 뒤집어가며 익혀요.

KIDS FOOD 3

애호박볶음

3회분

애호박 … ⅓개(80g)
소금 … 약간
들기름 … ⅓숟가락

1 애호박은 채썰기해요.

2 달군 프라이팬에 들기름을 두르고, 애호박을 넣어 중불에서 3분간 볶은 뒤 소금을 넣고 뒤적여요.

채 썬 호박은 너무 오랜 시간 익히면 물러질 수 있어요.

파프리카 계란찜	닭안심 고구마조림
밥	아욱된장국

아욱국 한 그릇에 기운이 불끈!

아욱된장국 · 파프리카계란찜 · 닭안심고구마조림

비타민, 수분, 단백질 등이 풍부하게 함유된 아욱은
찬바람 솔솔 불어오는 가을이면 빼놓을 수 없는 좋은 식재료예요. 아욱을 듬성듬성 잘라 넣고
된장을 풀어 한소끔 끓여낸 고소한 아욱된장국이면 다가올 겨울도 거뜬하답니다.

영양 노트

- 15~24개월은 밥 1/3공기(80~90g), 25~60개월은 1/2공기(120~130g) 정도가 적당해요.
- 비타민C, 베타카로틴, 칼륨 등이 풍부한 파프리카는 색마다 효능에 차이가 있어요. 다양한 컬러로 요리해보세요.

KIDS FOOD 1

아욱된장국

3회분

아욱 … 1줌(150g)
멸치다시육수 … 3컵(540g)
된장 … ½숟가락(15g)

1 손질한 아욱(p.25 참고)은 한입 크기로 작게 잘라요.

2 냄비에 육수를 붓고 끓이며 된장을 체에 걸러 잘 풀어요.

3 아욱을 넣고 부르르 끓어오르면 중약불에서 5분간 더 끓여요.

감칠맛과 향을 더해주고 싶다면 건새우나 건홍합을 국에 넣어 끓여도 좋아요.

KIDS FOOD 2

파프리카계란찜

3회분

계란 … 1개(60g)
멸치다시육수 … ⅓컵(60g)
다진 파프리카 … 1숟가락(15g)
소금 … 약간

1 계란을 풀고 육수, 소금, 파프리카를 넣어 섞은 뒤 내열용기에 담아요.

내열용기를 사용하지 않으면 그릇이 깨질 수 있으니 주의하세요!

2 랩으로 용기를 덮고 이쑤시개로 구멍을 3~4개 정도 뚫어준 뒤 찜기에 넣고 뚜껑을 덮은 채 중불에서 8분간 쪄줘요.

수증기로 인해 뚜껑에 생기는 물이 들어가지 않아야 더 매끄럽고 부드러운 계란찜이 돼요.

KIDS FOOD 3

닭안심고구마조림

2~3회분

닭안심 … 2조각(60g)
고구마(중) … ½개(80g)
닭육수 … ½컵(90g)
진간장 … ⅔숟가락(4g)
올리고당 … ½숟가락(5g)
식용유 … 약간

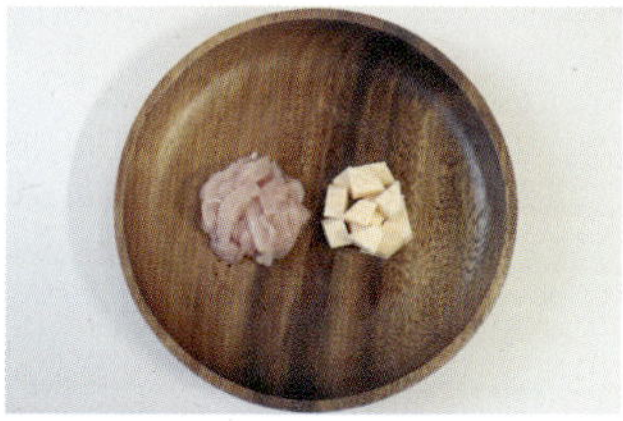

1 손질한 닭안심(p.25 참고)과 고구마는 한입 크기로 잘라요.

2 달군 프라이팬에 식용유를 두르고 닭안심과 고구마를 넣어 중불에서 1분간 볶아요.

3 육수를 붓고 간장과 올리고당을 넣은 뒤 약불에서 7~10분 간 더 조려요.

고소함을 더하고 싶다면 마지막에 참기름 한 방울만 떨어트려주세요.

밍구's TIP! 조림류의 경우 조리를 하면서 간이 세질 수 있으니 갓 이유식을 뗀 아이라면 간장의 양을 ⅓숟가락으로 줄여요.

고기오이 볶음	애호박 치즈전
밥	바지락탕

시원하게 끓인 바지락탕으로 철분 충전!

바지락탕 · 애호박치즈전 · 고기오이볶음

우리 큰 아들은 조개를 보고 거북이라고 불러요.
딱딱한 조개 껍데기가 거북이 등 껍데기와 비슷해 보여 그런가 봐요.
식재료들은 아이들의 시각에선 때론 재미있는 놀이감이 되기도 한답니다.
아이들과 식재료에 관해 이야기를 나누며 요리해보세요.

영양 노트

- 15~24개월은 밥 1/3공기(80~90g), 25~60개월은 1/2공기(120~130g) 정도가 적당해요.
- 바지락의 단백질과 아연은 성장기 발육에 도움이 된답니다. 제철인 봄에 맛이 좋고 산란기인 한여름에는 피하는 것이 좋아요.

KIDS FOOD 1

바지락탕

3회분

바지락 … 1컵(165g)
멸치다시육수 … 3컵(540g)
다진 파(흰 부분) … 1숟가락(10g)
소금 … 약간

1 냄비에 육수와 손질한 바지락(p.26 참고)을 넣고 강불에서 끓어오르면 거품을 걷어내요.

2 바지락을 건져내고 체나 면보에 국물을 걸러줘요.

남아 있을지 모르는 불순물을 제거해주는 작업이니 번거로워도 꼭 해주세요.

3 걸러낸 국물에 바지락을 다시 넣고 강불에서 끓어오르면 다진 파를 넣고 소금으로 간해요.

바지락을 오래 끓이면 살이 질겨지고 국물이 짜질 수도 있어요. 조개가 익을 정도로만 살짝 끓이고 맛을 본 뒤 간을 해주세요.

아빠 & 엄마도 먹어요!
3번 과정에서 다진 마늘 ½숟가락, 송송 썬 청양고추 1개를 함께 넣고 팔팔 끓이면 해장에 탁월한 얼큰하고 칼칼한 바지락탕이 돼요.

밍구's TIP! 먹기 편하도록 바지락의 껍데기는 제거하고 살만 발라내어 넣어도 좋아요.

KIDS FOOD 2

애호박치즈전

3회분

애호박 … ¼개(60g)
계란 … 1개(60g)
밀가루 … 1숟가락(15g)
아기치즈 … ½장(10g)
식용유 … 2숟가락(15g)

1 애호박은 얇게 통썰기하고, 계란은 잘 풀어요.

2 애호박에 밀가루, 계란물 순으로 골고루 묻혀요.

비닐봉투에 밀가루와 호박을 넣고 가볍게 흔들면 많은 양을 한 번에 쉽게 묻힐 수 있어요.

3 달군 프라이팬에 식용유를 두르고 호박을 올려 약불에서 앞뒤로 각 2분씩 익혀줘요.

4 불을 끄고 호박 위에 작게 자른 치즈 조각을 하나씩 얹어요.

KIDS FOOD 3

고기오이볶음

3회분

다진 돼지고기 … 1줌(80g)
다진 오이 … ½컵(45g)
진간장 … ⅔숟가락(4g)
올리고당 … ⅓숟가락(3g)
참기름 … ½숟가락(3g)

1 씨 부분을 제거한 오이와 돼지고기는 잘게 다져요.

2 달군 프라이팬에 참기름을 두르고 다진 돼지고기를 넣어 약불에서 고슬고슬 볶아요.

고기를 참기름에 볶으면 잡내를 제거할 수 있어요.

3 다진 오이, 간장, 올리고당을 넣고 중불에서 2~3분간 볶아요.

밍구's TIP! 반찬으로 즐겨도 좋지만 밥 위에 듬뿍 올리면 맛있는 한 그릇 덮밥으로 즐길 수 있답니다.

데친 브로콜리	미니새송이 볶음
밥	꽃게단호박 된장국

부드러운 꽃게살과 달달한 단호박의 환상 궁합

꽃게단호박된장국 · 미니새송이볶음

하얀 살이 꽉 차오른 꽃게를 먹기 편하도록 발라낸 뒤 구수한 된장국에 퐁당!
꽃게와 잘 어울리는 호박도 듬뿍 넣어주고요.
게살과 껍데기까지 몽땅 넣어 우리면 진하고 고급스러운 국물 맛을 한껏 느낄 수 있어요.

영양 노트

- 15~24개월은 밥 1/3공기(80~90g), 25~60개월은 1/2공기(120~130g) 정도가 적당해요.
- 꽃게 살에는 오메가-3 지방산이 풍부해 두뇌 발달에 도움이 됩니다. 꽃게 껍데기가 단단하니 살만 발라 먹여주세요.

KIDS FOOD 1

꽃게단호박 된장국

3회분

꽃게(대) … 1마리(375g)
미니 단호박 … ⅙개(50g)
애호박 … ¼개(60g)
양파 … ¼개(60g)
물 … 5컵(900g)
된장 … ½숟가락(15g)
다진 파(흰 부분) … 1숟가락(10g)

1 꽃게는 손질(p.26 참고)해두고, 단호박은 껍질을 벗긴 뒤 한입 크기로 썰어요. 애호박은 부채꼴썰기, 양파는 깍둑썰기해요.

2 냄비에 물을 붓고 끓어오르면 꽃게를 넣은 뒤 거품이 올라오면 걷어내고, 중약불에서 5분간 더 끓여요.

꽃게 등딱지도 버리지 말고 함께 넣어 끓이면 국물이 진해져요.

3 꽃게를 건져내고, 된장을 체에 걸러 풀어줘요. 꽃게는 식힌 뒤 살만 발라내요.

꽃게에서 짠맛이 우러나오니 된장은 많이 넣지 않는 게 좋아요. 집마다 가지고 있는 된장의 염도에 차이가 있으니 간을 보며 조절하세요.

4 여기에 단호박, 애호박, 양파를 넣고 중불에서 5분간 끓인 뒤 불을 끄고 발라둔 게살과 다진 파를 넣어요.

아빠 & 엄마도 먹어요!
마지막에 된장 ⅓숟가락, 고춧가루 ½숟가락, 다진 마늘 ½숟가락을 추가해 팔팔 끓여주세요. 아빠도 엄마도 좋아하는 얼큰한 꽃게단호박된장국이 됩니다.

KIDS FOOD 2

미니새송이 볶음

3회분

미니 새송이버섯 … 1컵(60g)
진간장 … ⅓숟가락
올리고당 … ⅓숟가락(3g)
참기름 … 약간

1 버섯은 편썰기해요.

2 달군 프라이팬에 참기름을 두르고 버섯을 넣어 강불에서 30초간 볶아요.

3 간장과 올리고당을 넣고 1분간 더 볶다가 그릇에 옮겨 담아요.

오래 볶을수록 버섯에서 수분이 빠져 나와 식감이 질겨질 수 있어요.

밍구's TIP! 갓 이유식을 뗀 아이라면 조리 후 버섯을 가위로 잘게 잘라주세요.

연근 부추전	청포묵무침
밥	닭안심 완자탕

아삭아삭 연근과 향긋한 부추에 자꾸만 손이 가요~

닭안심완자탕 · 청포묵무침 · 연근부추전

아이들이 연근을 처음 봤을 때 자동차 바퀴와 닮았다고 좋아하더라고요.
하지만 연근 특유의 아삭한 식감이 어색한지 먹기 싫어하는 아이들이 많아요.
연근을 잘게 다져 전을 만들면 연근을 안 먹던 아이들도 쏙쏙 집어 먹고 있을 거예요.

영양 노트

- 15~24개월은 밥 1/3공기(80~90g), 25~60개월은 1/2공기(120~130g) 정도가 적당해요.
- 완자에는 닭안심과 채소가 골고루 들어있어 단백질과 비타민의 섭취를 한 번에 할 수 있는 메뉴입니다.

KIDS FOOD 1

닭안심 완자탕

3회분

닭안심 … 3조각(90g)
닭육수 … 2컵(360g)
다진 부추 … 2숟가락(14g)
다진 양파 … 1숟가락(15g)
밀가루 … ½숟가락(7g)
국간장 … ½숟가락(3g)

1 닭안심은 잘게 다지고 다진 부추, 다진 양파, 밀가루와 함께 섞어 반죽해요.

닭가슴살을 사용해도 좋아요!

2 아이 숟가락으로 한 스푼씩 떠 동그랗게 손으로 완자를 빚어요.

3 냄비에 육수를 붓고 강불에서 끓어오르면 중불로 줄인 뒤 완자를 넣고 5분간 끓여요.

4 국간장을 넣고 불을 꺼요.

KIDS FOOD 2

청포묵무침

3회분

청포묵 … ¼모(95g)
부추 … ½줌(10g)
구운 김 … ¼장
진간장 … ⅓숟가락
깨 … 약간
참기름 … 1숟가락(7g)

1 청포묵은 작게 채썰기하고, 부추도 비슷한 크기로 썰어요.

2 끓는 물에 청포묵과 부추를 넣어 살짝 데친 뒤 건져서 물기를 빼줘요.

묵이 투명해질 무렵 건져내면 돼요.

3 구운 김을 잘게 잘라 넣고 간장, 깨, 참기름을 넣어 가볍게 버무려요.

KIDS FOOD 3

연근부추전

3회분

부침가루 … ⅔컵(60g)
물 … ½컵(90g)
송송 썬 부추 … 1컵(35g)
다진 연근 … ⅓컵(40g)
소금 … 약간
식용유 … 약간

1 부침가루와 물을 한데 담아 덩어리지지 않도록 섞어요.

2 여기에 송송 썬 부추와 다진 연근, 소금을 넣고 잘 섞어요.

3 달군 프라이팬에 식용유를 두르고 반죽을 한 숟가락씩 올려줘요.

4 약불에서 앞뒷면을 각 3분씩 익혀줘요.

아기만능간장(p.20 참고)이나 초간장을 곁들여줘도 좋아요.

오이양배추 초무침	팽이버섯 고기전
잡곡밥	황태 콩나물국

빈혈 예방에 좋은 팽이버섯 식단

황태콩나물국 · 팽이버섯고기전 · 오이양배추초무침

된장찌개나 전골에만 넣어 먹었던 팽이버섯, 전으로 더 맛있게 변신시켜봤어요.
고기와 같이 섞어 지글지글 부쳐주니 쫀득한 식감과 고소함으로 완전 무장!
여기에 시원한 황태콩나물국 한 그릇이면 오늘 식사도 든든하게 마무리할 수 있겠죠?

영양 노트

- 15~24개월은 밥 1/3공기(80~90g), 25~60개월은 1/2공기(120~130g) 정도가 적당해요.
- 황태는 단백질과 필수지방산이 많아 성장기 아이들에게 딱인 식품입니다. 요리할 때 들기름을 사용하면 오메가-3 지방산이 풍부해져서 더욱 좋습니다.

KIDS FOOD 1

황태콩나물국

3회분

콩나물 … 1줌(75g)
자른 황태 … ½컵(25g)
멸치다시육수 … 4컵(720g)
다진 마늘 … ⅓숟가락(5g)
다진 파 … 1숟가락(10g)
국간장 … ⅔숟가락(4g)
들기름 … 약간

1 손질한 황태(p.26 참고)는 먹기 좋게 찢거나 자르고, 콩나물은 깨끗이 손질(p.25 참고)해주세요.

2 달군 냄비에 들기름을 두르고 황태를 넣어 1분간 볶아요.

3 냄비에 육수를 붓고 끓으면 콩나물을 넣은 뒤 10~15분간 끓여요.

콩나물은 처음부터 끝까지 뚜껑을 열거나 아예 닫고 끓여야 비린내가 나지 않아요. 맑은 국물을 원한다면 끓는 중간에 거품을 꼭 걷어주세요.

4 다진 마늘, 다진 파, 국간장을 넣고 강불에 부르르 한 번 끓여요.

KIDS FOOD 2

팽이버섯고기전

3~4회분

다진 팽이버섯 … 1컵(70g)
다진 부추 … 2숟가락(14g)
다진 파프리카 … 1숟가락(15g)
다진 돼지고기 … 2숟가락(60g)
계란 … 1개(60g)
밀가루 … 2숟가락(30g)
소금 … 1꼬집
식용유 … 2숟가락(15g)

1 팽이버섯과 부추, 파프리카를 잘게 다져요.

2 1의 재료와 다진 돼지고기, 계란, 밀가루, 소금을 모두 넣고 조물조물 잘 섞어줘요.

3 달군 프라이팬에 식용유를 두르고 숟가락으로 반죽을 조금씩 떠서 올려요. 약불에서 앞뒤로 각 3분간 구워요.

육즙이 흘러나와 쉽게 탈 수 있으니 약불에 구워요.

아빠 & 엄마도 먹어요!

2의 과정에서 반죽에 다진 청양고추 1숟가락을 추가해주면 매콤하게 먹을 수 있어요.

KIDS FOOD 3

오이양배추초무침

3회분

채 썬 오이 … ¼컵(30g)
채 썬 양배추 … 1컵(50g)
식초 … 약간
매실청 … ⅓숟가락(4g)

1 오이와 양배추는 잘게 채썰기해요.

2 양배추는 끓는 물에 살짝 데친 뒤 찬물에 헹구고 물기를 꽉 짜요.

3 오이와 양배추에 식초, 매실청을 넣고 잘 섞어요.

매실청이 없다면 올리고당으로 대체해도 좋아요. 신맛과 단맛으로 충분히 맛을 낼 수 있으니 따로 소금 간을 하지 않아도 돼요.

단호박 범벅	메추리알버섯 장조림
잡곡밥	닭고기 미역국

닭고기 듬뿍 미역국과 한입에 쏙 메추리알!

닭고기미역국 · 메추리알버섯장조림 · 단호박범벅

미역국은 아무것도 넣지 않고 담백하게 끓여도 맛있지만 고기나 바지락을 넣어 끓이면 더욱 맛있어져요. 이번에는 닭안심살로 진하고 깊은 맛을 살려주었어요. 여기에 밥도둑 메추리알 반찬을 더해주면 금상첨화!

영양 노트

- 달걀처럼 단백질과 필수아미노산, 칼슘 등 성장기에 꼭 필요한 영양소를 갖춘 메추리알은 크기가 작아서 유아식 재료로 딱이지요. 메추리알버섯장조림은 5~6회 분량으로 넉넉히 만들어 반찬으로 곁들여요.

KIDS FOOD 1

닭고기 미역국

3~4회분

불린 미역 … 1줌(80g)
닭안심 … 3조각(90g)
닭육수 … 5컵(900g)
국간장 … ½숟가락(3g)
들기름 … ½숟가락(4g)

1 손질한 미역(p.25 참고)은 잘게 자르고, 닭안심은 통으로 준비해요.

2 달군 냄비에 들기름을 두르고 미역을 넣어 중불에서 1분간 볶다가 닭안심을 넣고 1분 더 볶아요.

3 여기에 육수를 붓고 10~15분간 강불에서 팔팔 끓이다가 닭안심만 건져내 한 김 식혀요.

4 식은 닭안심은 손으로 찢어 끓는 국에 다시 넣어요.

닭의 씹는 맛을 살리려면 손으로 찢어 주는 게 좋아요. 시간 여유가 없다면 1번 과정에서 바로 칼로 잘라서 조리하면 돼요.

5 국간장을 넣어요.

KIDS FOOD 2

메추리알 버섯장조림

5~6회분

메추리알 … 1판(약 20개·225g)
미니 새송이버섯 … ½컵(40g)
멸치다시육수 … 1½컵(270g)
식초 … 약간
진간장 … 1숟가락(7g)
올리고당 … 1숟가락(10g)
소금 … 약간

1 냄비에 메추리알이 잠길 정도의 물과 식초, 소금을 넣은 뒤 중불에서 8~10분간 익혀줘요. 메추리알은 찬물에 담가 식히고 껍데기를 까줘요.

2 냄비에 메추리알과 육수, 간장, 올리고당 ½숟가락을 넣고 강불에서 끓어오르면 약불로 줄인 뒤 10~15분간 더 조려요.

3 여기에 버섯, 올리고당 ½숟가락을 넣고 중불에서 1~2분간 더 조려요.

갓 이유식을 뗀 아이라면 조리가 끝난 뒤 잘게 잘라주세요.

밍구's TIP! 물에 식초와 소금을 넣으면 메추리알을 삶는 도중 잘 깨지지 않아요. 장조림에도 되도록 삶을 때 흰자가 터지지 않은 메추리알을 사용하는 것이 좋아요. 조리는 과정에서 노른자가 흩어져 국물이 탁해질 수 있답니다.

KIDS FOOD 3

단호박범벅

3회분

단호박 … ¼개(150g)
당근 … ⅙개(40g)
소금 … 1꼬집

1 단호박과 당근은 껍질을 제거한 뒤 모양대로 잘라서 찜통에 넣고 중약불에서 10분간 쪄요.

단호박 위로 뚜껑에 고인 물이 떨어지면 당도를 떨어뜨릴 수 있기 때문에 단호박을 옆으로 눕힌 상태로 찌는 것이 좋아요.

2 호박은 뜨거울 때 으깨주고, 당근은 나박썰기해요. 여기에 소금을 넣고 골고루 섞어요.

단호박은 맛이 달기 때문에 따로 단맛을 추가하지 않아도 되지만 달지 않은 단호박에는 약간의 꿀이나 올리고당을 넣어주세요.

소불고기	양배추국
밥	들깨콩나물 무침

에너지 충전! 힘이 불끈 솟아나는 불고기 반찬

양배추국 · 소불고기 · 들깨콩나물무침

밥을 부르는 부드럽고 달콤한 소불고기를 지글지글 볶고,
잘 우린 멸치다시육수에 양배추를 넣어 국을 끓여보세요.
양배추국은 의외의 달콤하고 깔끔한 맛에 한 번 맛보면 자꾸만 찾게 되는 인기 메뉴랍니다.

영양 노트

- 15~24개월은 밥 1/3공기(80~90g), 25~60개월은 1/2공기(120~130g) 정도가 적당해요.
- 평소 소화기가 좋지 않아 자주 탈이 나는 아이라면 양배추를 반찬으로 자주 활용하면 좋아요. 비타민U가 위를 튼튼하게 하고 식이섬유가 독성물질 배출을 도와준답니다.

KIDS FOOD 1

양배추국

3회분

자른 양배추 … 1컵(60g)
양파 … ⅙개(40g)
부추 … ½줌(15g)
멸치다시육수 … 3컵(540g)
다진 마늘 … ⅓숟가락(5g)
국간장 … ½숟가락(3g)

1 양배추, 양파, 부추는 한입 크기로 작게 잘라요.

2 냄비에 육수를 부어 강불에서 끓어오르면 양배추와 양파를 넣고, 중불에서 5분간 더 끓여요.

3 다진 마늘과 부추, 국간장을 넣고 약불에서 3분간 더 끓여요.

KIDS FOOD 2

소불고기

3회분

불고기용 소고기(목심) … 1줌(150g)
팽이버섯 … ¼덩이(30g)
부추 … ½줌(15g)
채 썬 양파 … ⅓컵(25g)
참기름 … ½숟가락(4g)

불고기양념

진간장 … 1숟가락(7g)
다진 마늘 … ⅓숟가락(5g)
다진 파 … ⅓숟가락(4g)
갈은 배 … 1숟가락(20g)
올리고당 … ⅓숟가락(4g)

1 소고기는 흐르는 물에 가볍게 씻어낸 뒤 키친타월로 감싸 물기를 살짝 빼세요. **불고기양념**을 붓고 조물조물 섞은 뒤 냉장고에서 30분간 재워요.

2 그 사이 팽이버섯을 약 1cm 길이로 썰고, 부추와 양파도 같은 크기로 썰어요.

3 달군 프라이팬에 참기름을 두르고 재워둔 소고기를 넣어 볶다가 **2**의 재료를 모두 넣고 약불에서 3~5분간 더 볶아요.

밍구's TIP! 마지막 단계에서 물 ⅓컵과 간장 ⅓숟가락을 추가해 자박하게 끓여낸 뒤 밥 위에 얹으면 맛있는 한 그릇 소불고기 덮밥 완성!

KIDS FOOD 3

들깨콩나물무침

3회분

콩나물 … 1½줌(115g)
다진 파 … ⅓숟가락(4g)
깨 … ⅓숟가락
들깻가루 … 1숟가락(7g)
소금 … 1꼬집
들기름 … ½숟가락(4g)

1 콩나물을 손질(p.25 참고)한 뒤 끓는 물에 넣고 3분간 삶아 체에 밭쳐 물기를 빼줘요.

콩나물은 처음부터 끝까지 뚜껑을 열거나 아예 닫고 끓여야 비린내가 나지 않아요. 맑은 국물을 원한다면 끓는 중간에 거품을 꼭 걷어주세요.

2 여기에 나머지 재료를 모두 넣고 조물조물 무쳐요.

고구마맛탕	오징어뭇국
밥	브로콜리 볶음

인기 만점 고구마맛탕에 감칠맛 나는 오징어뭇국

오징어뭇국 · 고구마맛탕 · 브로콜리볶음

시중에 파는 고구마맛탕은 너무 달고 끈적이는 식감이라
포실한 식감의 고구마맛탕을 만들 수 있는 방법을 생각해봤어요.
여기에 시원하고 맑은 오징어뭇국을 곁들이면 달콤하고 시원한 한 끼 식단이 완성돼요.

영양 노트

- 15~24개월은 밥 1/3공기(80~90g), 25~60개월은 1/2공기(120~130g) 정도가 적당해요.
- 고단백 식품인 오징어는 피로 회복을 돕고 비만을 억제해주는 효과가 있는 타우린이 풍부해요. 또한 오징어의 불포화지방산은 성장기 아이들의 두뇌 발달에 도움이 된답니다.

KIDS FOOD 1

오징어뭇국

3회분

자른 오징어(몸통) … ½컵(75g)
무 … ⅙개(200g)
멸치다시육수 … 3컵(540g)
다진 마늘 … ⅓숟가락(5g)
다진 파 … ⅓숟가락(4g)
국간장 … ½숟가락(3g)

1 손질한 오징어(p.27 참고)는 한입 크기로 작게 채썰기하고 무는 나박썰기해요.

2 냄비에 육수와 무를 넣고 강불에서 끓어오르면 오징어를 넣어요.

3 여기에 다진 마늘과 다진 파, 국간장을 넣고 무가 투명해질 때까지 5분간 끓여요.

너무 오래 끓이면 오징어가 질겨지니 주의! 국이 끓는 중간 중간 올라오는 거품은 걷어주세요.

아빠 & 엄마도 먹어요!

국간장 ½숟가락, 송송 썬 청양고추 1개와 고춧가루 ½숟가락을 넣어주면 아빠, 엄마 입맛에도 맞는 시원칼칼한 오징어뭇국이 됩니다. 간은 아기 음식이라 약할 수 있으니 취향에 맞게 가감하세요.

KIDS FOOD 2

고구마맛탕

3~4회분

고구마(대) … 1개(250g)
설탕 … ½숟가락(4g)
식용유 … 넉넉히

1 고구마는 껍질을 벗겨 한입 크기로 깍둑썰기해요.

2 팬에 고구마가 잠길 정도의 식용유를 붓고 고구마, 설탕을 넣어요.

튀김을 할 때 기름을 예열하지 않아도 온도가 일정하게 올라가면 고구마가 맛있게 튀겨져요.

3 중불에서 숟가락으로 계속 빙글빙글 저어가며 5분간 익혀요.

기름의 온도가 높아지면서 고구마에 설탕이 골고루 착 달라붙는답니다.

4 고구마를 체에 밭쳐 기름을 빼주고 하나하나 분리해 식혀요.

사용한 기름은 체에 거른 뒤 재사용이 가능합니다.

KIDS FOOD 3

브로콜리볶음

3회분

브로콜리 … 6조각(60g)
깨 … 약간
소금 … 약간
들기름 … 약간

1 끓는 물에 소금 약간, 브로콜리를 넣고 3분간 데쳐요.

2 삶은 브로콜리는 먹기 좋은 크기로 썰어요.

3 달군 프라이팬에 들기름을 두르고 중불에서 1분간 볶다가 브로콜리와 소금, 깨를 넣고 뒤적거려요.

철분 듬뿍 식단으로 건강한 한 끼

소고기뭇국 · 단호박조림 · 크래미계란부침

손이 꽁꽁 발이 꽁꽁 추운 겨울날 먹으면 특히 더 맛있는 소고기뭇국이 곁들여진 식단이에요.
가장 기본 국이기도 하지만 그만큼 아이들이 좋아하고 잘 먹는 국이랍니다.
여기에 반찬으로 단호박에 간장을 살짝 넣어 조리니 달큰한 맛이 한층 더 높아졌어요.

영양 노트

- 15~24개월은 밥 1/3공기(80~90g), 25~60개월은 1/2공기(120~130g) 정도가 적당해요.
- 소고기에는 체내에서 만들지 못하는 9가지 필수아미노산, 철분, 마그네슘, 아연, 칼륨 등 다양한 무기질이 풍부해 유아들에게 좋은 영양식이 된답니다.

KIDS FOOD 1

소고기뭇국

3회분

소고기(양지) … ½줌(75g)
무 … ⅙개(200g)
멸치다시육수 … 3컵(540g)
국간장 … ⅔숟가락(4g)
다진 마늘 … ⅓숟가락(5g)
다진 파 … ½숟가락(6g)
참기름 … ⅓숟가락

1 소고기는 얇고 네모지게 썰어주고, 무는 같은 크기로 나박썰기해요.

2 달군 냄비에 참기름을 두르고 소고기를 넣어 강불에서 볶아요. 살짝 갈색빛이 돌면 무를 넣어 1분간 달달 볶아요.

3 여기에 육수를 붓고 강불에서 끓어오르면 거품을 걷어내고, 중불에서 3~5분간 더 끓인 뒤 다진 마늘과 다진 파, 국간장을 넣어요.

아빠 & 엄마도 먹어요!
고춧가루 ½숟가락, 송송 썬 대파 1줌, 국간장 ⅓숟가락을 넣어주면 육개장 맛이 나는 얼큰한 소고기 뭇국이 돼요.

KIDS FOOD 2

단호박조림

3회분

자른 단호박 … 1컵(80g)
물 … 3숟가락(15g)
진간장 … 약간
올리고당 … ⅓숟가락(4g)
식용유 … 약간

1 단호박은 껍질을 벗긴 뒤 얇고 네모지게 썰어요.

2 달군 프라이팬에 식용유를 두르고 단호박을 넣어 강불에서 30초간 볶아요.

단호박을 강불에 한 번 볶아주면 요리 도중에 쉽게 모양이 흐트러지지 않아요.

3 물과 간장을 넣고 약불에서 1~3분간 조린 뒤 올리고당을 넣어요.

단호박 당도가 높다면 올리고당은 굳이 넣지 않아도 괜찮아요.

KIDS FOOD 3

크래미계란부침

3회분

크래미 … 2개(20g)
계란 … 1개(60g)
식용유 … 약간

1 크래미를 잘게 찢어서 계란 푼 물에 넣어 잘 섞어요.

크래미 자체에 염분이 있기 때문에 간을 따로 하지 않아요.

2 달군 프라이팬에 식용유를 두르고 1을 한 숟가락씩 올려요.

3 중약불에서 앞뒤로 각 1분씩 구워줘요.

밍구's TIP! 1번 과정에서 양파, 부추, 당근 등 냉장고에 있는 채소를 잘게 다져 함께 넣어주면 색감도, 맛도, 영양도 한층 업그레이드됩니다!

깻잎소고기 볶음	바지락시금치 된장국
렌틸콩밥	연근튀김

연근이 이렇게 고소해도 되나요?

바지락시금치된장국 · 연근튀김 · 깻잎소고기볶음

빈혈에 좋다는 연근을 어떻게 하면 잘 먹일 수 있을까 고민하던 중에 묽은 튀김옷을 얇게 입혀
바삭바삭하게 과자처럼 튀겨냈더니 아삭한 연근의 식감과 너무 잘 어울리는 거 있죠?
그 이후로 연근을 사오면 무조건 먼저 튀겨 먹는답니다.

영양 노트

- 철분이 많이 함유된 소고기는 철분의 흡수를 돕는 비타민C와 함께 섭취하는 것이 좋아요. 깻잎은 비타민C와 철분, 칼슘, 엽산 등이 풍부해 소고기의 영양을 보충해주고 궁합이 좋은 식품이에요.

KIDS FOOD 1

바지락시금치 된장국

3회분

바지락 … 1컵(165g)
시금치 … 1줌(100g)
멸치다시육수 … 4컵(720g)
양파 … ⅙개 (40g)
대파 … ¼대(20g)
된장 … ½숟가락(15g)
다진 마늘 … 약간

1 바지락(p.26 참고)은 깨끗이 해감하여 준비해요.

2 시금치는 지저분한 부분을 다듬고 양파는 채썰기하고 대파는 송송 썰어 준비해요.

3 육수에 된장을 풀어요.

4 육수가 끓으면 바지락과 시금치를 넣어요.

5 바지락이 입을 벌리기 시작하면 썰어둔 양파, 대파, 다진 마늘을 넣어 중약불에서 최소 10분간 끓여요

KIDS FOOD 2

연근튀김

1 얇게 썬 연근은 손질(p.25 참고)한 뒤 튀김반죽을 골고루 묻혀줘요.

2 프라이팬에 연근이 살짝 잠길 정도의 식용유를 붓고 예열한 뒤 연근을 중불에서 앞뒤로 노릇하게 튀겨요.

연근의 양이 적으면 식용유를 자작하게만 부어도 충분히 바삭하게 튀길 수 있어요. 아기만능간장(p.20 참고)에 찍어 먹어도 좋아요.

3회분

연근 … ¼개(120g)
식용유 … 넉넉히

튀김반죽

튀김가루 … ½컵(50g)
물 … ⅓컵(60g)

KIDS FOOD 3

깻잎소고기볶음

1 소고기와 깻잎은 얇게 채썰기해요.

2 소고기, 간장, 다진 파를 조물조물 섞고 5~10분간 재워요.

3회분

소고기(우둔살) … 1줌(150g)
깻잎 … 5장(12g)
다진 파 … ½숟가락(6g)
진간장 … ⅓숟가락
참기름 … 약간

3 달군 프라이팬에 참기름을 두르고 **2**를 넣어 강불에서 소고기가 갈색이 될 때까지 볶다가 깻잎을 넣고 불을 끈 뒤 뒤적여요.

소고기는 오래 볶으면 질겨져요. 강불에서 휘리릭 볶아주세요.

단백질과 비타민을 골고루 담은 한 끼

공심채볶음 · 새송이구이 · 채소계란탕

새송이버섯은 통으로 굽거나 모양대로 동그랗게 썰어 구우면 씹는 식감이 훨씬 좋고 채즙이 가득해 더 맛있게 먹을 수 있어요. 공심채는 줄기 속이 대나무처럼 비어있는 채소로 양념이 잘 배어들고 아삭아삭한 식감이 일품이에요.

영양 노트

- 15~24개월은 밥 1/3공기(80~90g), 25~60개월은 1/2공기(120~130g) 정도가 적당해요.
- 동물성 단백질과 식물성 단백질, 다양한 컬러의 채소를 골고루 섭취할 수 있는 균형 잡힌 식단이에요.

KIDS FOOD 1

공심채볶음

3회분

공심채 … 2줌(140g)
양파 … ⅙개(40g)
빨간 파프리카 … ¼개(40g)
노랑 파프리카 … ¼개(40g)
다진 돼지고기 … 1줌(80g)
다진 마늘 … ½숟가락(7g)
맛술 … ½숟가락(5g)
진간장 … 2숟가락(14g)
올리고당 … 1숟가락(10g)
굴소스 … 1숟가락(10g)
식용유 … 약간

1 공심채는 깨끗이 씻어 먹기 좋게 3등분해요.

2 양파, 파프리카는 채썰기해요.

3 달군 프라이팬에 식용유를 두르고 다진 마늘, 다진 돼지고기를 넣어 볶아요.

4 고기가 익기 시작하면 맛술, 간장, 올리고당, 굴소스를 넣어 볶아요.

5 여기에 공심채와 채 썬 채소들을 모두 넣고 강불에서 약 3분간 휘리릭 볶아요.

KIDS FOOD 2

새송이구이

3회분

새송이버섯 … 1개(90g)
소금 … 약간
후추 … 약간
올리브오일 … 약간

1 새송이버섯은 통썰기해요.

2 달군 프라이팬에 올리브오일을 두르고 버섯을 올린 뒤 소금, 후추를 뿌려요.

3 앞뒤로 노릇하게 구워 완성해요.

KIDS FOOD 3

채소계란탕

3회분

계란 … 3개(180g)
당근 … ⅛개(30g)
양파 … ⅛개(30g)
표고버섯 … 2개(40g)
멸치다시육수 … 4컵(720g)
맛술 … ½숟가락(3g)
국간장 … 1숟가락(7g)
소금 … 약간
후추 … 약간

1 당근, 양파, 표고버섯은 채썰기해요.

2 계란은 맛술을 넣어 곱게 풀어주세요.

3 육수가 끓어오르면 준비한 채소를 넣고 국간장, 소금, 후추를 넣어 간을 맞춰요.

4 채소가 익으면 계란물을 원을 그리듯 넣고 가볍게 휘저어 완성해요.

시금치나물	새우호박 된장국
밥	멸치볶음

뼈 튼튼! 두뇌 발달에도 최고!

멸치볶음 · 새우호박된장국 · 시금치나물

새우를 넣어 감칠맛을 더한 구수한 된장국에 시금치나물과 멸치볶음까지!
쑥쑥 자라나는 아이들의 성장에 꼭 필요한 영양을 두루 갖춘 건강한 식단이에요.

영양 노트

- 15~24개월은 밥 1/3공기(80~90g), 25~60개월은 1/2공기(120~130g) 정도가 적당해요.
- 잔멸치는 멸치 중에 가장 작은 멸치를 말해요. 갓 이유식을 뗀 아이에게는 멸치의 식감이 거칠게 느껴질 수 있으니 칼로 잘게 다져주세요.

KIDS FOOD 1

멸치볶음

5회분

잔멸치 … 1컵(70g)
다진 마늘 … ⅓숟가락(5g)
올리고당 … ½숟가락(5g)
깨 … ½숟가락(3g)
들기름 … 1½숟가락(10g)

1 식용유를 두르지 않은 프라이팬에 잔멸치를 올려 살짝 볶아준 뒤 체에 한 번 걸러요.

멸치에 남아있는 수분을 날려주고 불순물을 제거해줍니다.

2 달군 프라이팬에 들기름을 두르고 다진 마늘을 넣어 볶아요.

3 여기에 잔멸치를 넣고 중약불에서 1분간 볶아요.

4 불을 끄고 올리고당과 깨를 넣어 섞어요.

불을 끄고 올리고당을 넣어야 멸치볶음이 식었을 때 딱딱하게 굳지 않아요.

아빠 & 엄마도 먹어요!
다진 마늘 대신 마늘을 편으로 썰어 넣고 기름에 볶아낸 뒤 멸치를 넣고 마지막에 청양고추 1개를 송송 썰어 넣어주세요. 마늘과 청양고추 골라 먹는 재미가 쏠쏠하답니다.

KIDS FOOD 2

새우호박된장국

1 애호박은 부채꼴썰기하고, 양파와 손질한 새우(p.25 참고)는 깍둑썰기해요.

2 냄비에 육수를 붓고, 된장을 체에 걸러 잘 풀어줘요.

갓 이유식을 뗀 아이라면 아기된장을 사용하는 것이 좋아요.

3 여기에 **1**의 재료를 모두 넣고 강불에서 끓어오르면 거품을 걷어내고, 중불에서 5~10분간 더 끓여줘요.

3회분

새우(중) … 3마리(100g)
애호박 … ¼개(75g)
양파 … ¼개(60g)
멸치다시육수 … 4컵(720g)
된장 … ½숟가락(15g)

KIDS FOOD 3

시금치나물

1 시금치는 잎과 뿌리 부분을 잘 다듬고, 흐르는 물에 깨끗이 씻어요.

2 끓는 물에 소금을 약간 넣고 시금치를 넣어 30초간 데쳐요.

시금치는 오래 삶으면 물러질 수 있으니 주의하세요!

3 찬물에 헹군 뒤 물기를 꼭 짜고, 여기에 다진 마늘, 참기름, 간장을 넣어 조물조물 무쳐요.

시금치를 갓 무쳐 놓으면 처음에 약간 간이 세다고 느낄 수 있으나 시간이 지나면서 점점 싱거워지니 크게 걱정하지 않아도 돼요.

2회분

시금치 … ½단(150g)
다진 마늘 … 약간
진간장 … ⅓숟가락
소금 … 약간
참기름 … 약간

양배추볶음	소고기 된장국
밥	보리새우 브로콜리볶음

섬유질이 풍부한 든든한 한 끼

보리새우브로콜리볶음 · 소고기된장국 · 양배추볶음

냉장고에 자투리 채소가 있을 때는 올리브오일을 두르고 소금, 후추로 간을 해서 휘리릭 볶아서 반찬으로 냅답니다. 채소 본연의 맛과 영양이 살아있는 건강한 반찬이 되거든요. 특히 양배추는 볶으면 단맛이 더 강해지고 식감이 부드러워져 아이들도 먹기 편하답니다.

영양 노트

- 15~24개월은 밥 1/3공기(80~90g), 25~60개월은 1/2공기(120~130g) 정도가 적당해요.
- 갓 이유식을 뗀 아이에게는 보리새우의 식감이 거칠게 느껴질 수 있으니 칼로 잘게 다져주세요.

KIDS FOOD 1

보리새우 브로콜리볶음

3회분

보리새우 … 1컵(40g)
브로콜리 … 4조각(40g)
다진 마늘 … 약간
올리고당 … 1숟가락(10g)
깨 … 약간
들기름 … 1숟가락(7g)

1 브로콜리는 끓는 물에 살짝 데친 뒤 작게 잘라요.

2 보리새우는 마른 프라이팬에 살짝 볶아준 뒤 체에 한 번 걸러줘요.

새우의 비린내와 수분을 날려주고 불순물을 제거해주는 과정입니다.

3 달군 프라이팬에 들기름을 두르고 다진 마늘을 넣어 볶아 향을 내요.

갓 이유식을 뗀 아이라면 다진 마늘은 생략해주세요.

4 여기에 보리새우**(2)**와 브로콜리**(1)**를 넣고 중불에서 1분간 달달 볶아요.

5 불을 끄고 올리고당, 깨를 넣고 섞어요.

불을 끄고 올리고당을 넣어야 식었을 때 새우가 딱딱하게 굳지 않아요.

KIDS FOOD 2

소고기된장국

3회분

소고기(양지) … ½줌(75g)
송송 썬 부추 … ½줌(20g)
두부 … ¼모(80g)
애호박 … ⅓개(80g)
미니 새송이버섯 … 10송이(40g)
멸치다시육수 … 3컵(540g)
된장 … ½숟가락(15g)

1 소고기는 얇고 네모지게 썰고, 두부는 깍둑썰기하고 애호박은 부채꼴썰기해요. 미니 새송이버섯은 얇게 썰어요.

2 냄비에 육수를 붓고 된장을 체에 걸러 풀어준 뒤 소고기를 넣어요. 강불에서 끓어오르면 거품을 걷어내고 1분간 더 끓여줘요.

거품을 걷어내야 깔끔하고 맑은 국을 끓일 수 있어요.

3 두부, 애호박, 미니 새송이버섯을 넣고 중불에서 3~5분간 끓이다가 마지막에 부추를 넣어요.

아빠 & 엄마도 먹어요!
어른들의 입맛에는 약간 싱겁게 느껴질 수도 있어요. 그럴 땐 된장 ½숟가락 청양고추 1개를 송송 썰어 넣고, 고춧가루 ½숟가락을 추가해서 한 번 부르르 끓인 뒤에 드세요.

KIDS FOOD 3

양배추볶음

2회분

자른 양배추 … 1컵(60g)
다진 마늘 … 약간
소금 … 약간
후추 … 약간
올리브오일 … 약간

1 양배추는 깨끗하게 씻어서 먹기 좋은 크기로 썰어 준비해요.

2 달군 프라이팬에 오일을 두르고 다진 마늘을 먼저 볶아요.

3 자른 양배추와 소금, 후추를 넣어 간을 해요.

4 중불에서 3분간 볶아 완성해요.

Carb
VitaminA
Protein
VitaminC

CHAPTER 02

편식대마왕 아이 입맛까지 단번에 사로잡는

밍구스 아이디어 식판식

엄마의 정성에도 불구하고 밥 투정, 반찬 투정하는 아이 때문에 속상할 때가 많아요.
그럴 때면 채소를 안 먹는 아이에겐 좋아하는 식재료와 같이 잘게 다져 섞어주거나,
아이가 직접 손으로 쉽게 집어 먹을 수 있게 만들어주기도 해요.
잘 먹지 않던 재료일지라도 조금 색다른 방법으로 요리해주면 맛있게 잘 먹을 수 있어요.
밍구의 아이디어가 담긴 레시피로 아이와 함께 즐거운 식사시간을 누려보세요.

숟가락질이 서툰 아이가 밥과 친해지는 법

계란말이밥 · 유부된장국

밥을 잘 먹지 않는 아이를 위해 계란 안에 밥을 넣고 돌돌 말아 하나씩 집어 먹을 수 있게끔 만들었어요. 갓 이유식을 뗀 아이들은 숟가락질이 익숙하지 않아 밥 먹는 행위 자체를 힘들어할 수도 있으니 가끔 핑거푸드처럼 재미있게 만들어주는 것도 좋은 방법이에요.

- 계란말이밥은 15~24개월은 2회분, 25~60개월은 1회분으로 적당한 분량이에요.
- 토마토, 참외, 딸기, 키위 등 과일을 곁들여 비타민을 보충해주세요.

KIDS FOOD 1

계란말이밥

1~2회분

계란 … 2개(120g)
밥 … ⅓공기(70~80g)
두부 … ¼모(80g)
다진 파프리카 … ⅔숟가락(10g)
깨 … 약간
소금 … 1꼬집
참기름 … ⅓숟가락
식용유 … 약간

1 계란은 소금을 넣어 젓가락으로 휘저어 풀어주고, 두부는 면보에 담아 꼭 짜서 물기를 제거한 뒤 으깨요. 파프리카는 잘게 다져요.

2 두부와 파프리카는 식용유를 두르지 않은 프라이팬에 올려 살짝 볶아요.

볶아서 재료에 있는 물기를 제거해요.

3 볼에 밥을 담고 **2**와 깨, 참기름을 넣어 잘 섞어요.

4 달군 프라이팬에 식용유를 두르고 **1**의 계란물 절반을 먼저 부어요. 계란이 80% 정도 익어 몽글몽글 올라오면 **3**의 밥을 길게 뭉쳐 올려요.

저는 지름 20cm의 작은 프라이팬을 사용했어요. 지름이 넓은 일반 프라이팬을 사용할 경우엔 계란의 양을 3개로 늘려주세요.

5 계란말이를 말듯이 돌돌만 뒤 남은 계란물을 다 붓고, 한 번 더 두툼하게 말아 익혀요. 한 김 식힌 뒤 한입 크기로 썰어요.

계란말이밥에 아기케첩(p.21 참고)을 곁들여줘도 좋아요.

KIDS FOOD 2

유부된장국

3회분

유부(냉동) … 6장(45g)
멸치다시육수 … 3컵(540g)
부추 … ½줌(15g)
된장 … ½숟가락(15g)

1 유부는 작은 정사각형 모양으로 썰어주고, 부추는 송송 썰어요.

냉동 유부는 조미가 전혀 되어 있지 않은 유부를 말해요. 국을 끓일 때나 양념에 조려서 유부초밥을 만들 때 많이 사용해요.

2 끓는 물에 유부를 한 번 데쳐요.

유부에 남아있는 기름기와 불순물을 제거해줘요.

3 냄비에 육수를 붓고 된장을 체에 걸러 풀어준 뒤에 유부를 넣고, 중불에서 5분간 끓여요. 마지막에 부추를 넣고 불을 꺼요.

아빠 & 엄마도 먹어요!

2번 과정에서 고춧가루 1숟가락, 송송 썬 청양고추 1숟가락을 추가로 넣고 조려요. 취향에 따라 간장의 양은 조절하시면 됩니다.

밥을 싫어하는 아이를 위한 맛있는 해결책
토마토채소밥전 · 오이미역냉국

찬밥이 애매하게 남았을 때, 아이가 밥과 반찬을 떠먹기 거부할 때
고기와 채소를 모두 넣고 밥과 함께 부쳐내면 손으로 집어 먹을 수 있는 핑거푸드가 완성된답니다.
시원한 오이냉국을 곁들이면 더욱 영양 만점이에요.

영양 노트

- 토마토채소밥전은 15~24개월은 2회분, 25~60개월은 1회분으로 적당한 분량이에요.
- 미역에는 단백질, 당질, 지방, 철, 칼륨 등 성장에 필요한 영양이 골고루 들어있고 칼슘 함유량도 많기 때문에 성장기 아이들의 골격 형성에 도움을 준답니다.

KIDS FOOD 1

토마토 채소밥전

1~2회분

익힌 닭가슴살 … 1숟가락(15g)
밥 … ⅓공기(70g)
토마토(소) … 1개(180g)
다진 가지 … 2숟가락(20g)
다진 당근 … 1숟가락(10g)
다진 표고버섯 … 1숟가락(8g)
계란 … 1개(60g)
밀가루 … 2숟가락(30g)
소금 … 1꼬집
식용유 … 약간

1 손질한 닭가슴살(p.25 참고)은 끓는 물에 익힌 뒤 식혀서 잘게 찢고, 가지, 당근, 표고버섯은 잘게 다져요.

2 밥에 1의 재료와 계란, 밀가루, 소금을 넣고 골고루 섞어요.

3 달군 프라이팬에 식용유를 두르고 2의 밥을 한 숟가락씩 올려요.

4 중약불에서 숟가락으로 모양을 잡아주며 앞뒤로 각 1~2분간 노릇노릇하게 굽고, 다 익으면 얇게 썬 토마토를 곁들여요.

완성된 밥전은 먹기 좋은 크기로 잘라주세요.

KIDS FOOD 2

오이미역 냉국

3회분

불린 미역 … ½줌(40g)
오이 … ¼개(60g)
국간장 … ⅓숟가락
올리고당 … 1숟가락(10g)
식초 … ⅔숟가락(5g)
물 … 2컵(360g)
소금 … 1꼬집

1 불린 미역(p.25 참고)은 물에 여러 번 씻어낸 뒤 물기를 꽉 짜서 잘게 잘라주고, 오이는 얇게 채썰기해요.

2 미역을 끓는 물에 살짝 데친 뒤 찬물에 헹궈 물기를 꼭 짜줘요.

3 볼에 미역과 오이를 넣고 국간장, 올리고당, 식초, 소금을 넣어 조물조물 무친 뒤 3~5분간 절여요. 물을 붓고 섞어서 냉장고에 두고 시원하게 먹어요.

아빠 & 엄마도 먹어요!
채 썬 마늘 ⅓숟가락, 얇게 썬 청양고추 ½숟가락, 소금 1꼬집, 설탕 ½숟가락, 식초 ½숟가락을 추가해주면 어른 입맛에도 딱 맞는 오이미역냉국이 됩니다.

청경채 볶음	채소 동그랑땡	아기 백김치
밥	들깨버섯탕	

채소를 싫어하는 아이를 위한 엄마의 노력

채소동그랑땡 · 들깨버섯탕 · 청경채볶음

동그랑땡은 가끔씩 넉넉하게 빚어 냉동실에 얼려두면 필요할 때마다 꺼내 아이 반찬으로 내주기 참 좋아요. 채소를 먹지 않는 우리 아이에게 주고 싶은 채소를 잘게 다져넣고, 고기와 두부를 같이 섞어 계란물을 입혀 고소하게 부쳐냈어요.

영양 노트

- 15~24개월은 밥 1/3공기(80~90g), 25~60개월은 1/2공기(120~130g) 정도가 적당해요.
- 채소동그랑땡은 15~24개월은 4회분, 25~60개월은 3회분으로 적당한 분량이에요.
- 들깨에는 뇌 신경기능을 촉진해주는 DHA가 풍부해 성장기 아이들 두뇌 발달에 좋아요.

KIDS FOOD 1

채소동그랑땡

3~4회분

다진 돼지고기 … 1줌(100g)
두부 … ¼모(80g)
다진 양파 … 1숟가락(10g)
다진 표고버섯 … 1숟가락(8g)
다진 당근 … 1숟가락(10g)
다진 부추 … 1숟가락(7g)
밀가루 … 1숟가락(15g)
계란 … 1개(60g)
다진 마늘 … ⅓숟가락(5g)
참기름 … ½숟가락(4g)
소금·식용유 … 약간씩

1 두부는 면보로 감싸 꽉 짠 뒤 물기를 제거하고 양파, 표고버섯, 당근, 부추는 잘게 다져요.

2 다진 돼지고기에 **1**의 재료와 밀가루, 다진 마늘, 참기름, 소금을 넣고 계란은 노른자만 넣어 섞어요. 흰자는 따로 풀어둬요.

소금은 1꼬집 정도 넣어주세요.

3 작게 동그라미 모양으로 빚어줘요.

4 동그란 반죽에 밀가루를 가볍게 묻히고, 풀어둔 흰자에 담가요.

5 달군 프라이팬에 식용유를 두르고 **4**를 올려요. 한쪽 면을 살짝 익히고 뒤집어서 숟가락으로 눌러 납작하게 모양을 잡아 약불에서 천천히 구워요.

아기만능간장(p.20 참고)이나 초간장을 곁들여줘도 좋아요.

KIDS FOOD 2

들깨버섯탕

3회분

느타리버섯 … 1덩이(75g)
표고버섯 … 1개(20g)
팽이버섯 … ¼덩이(30g)
멸치다시육수 … 3컵(540g)
들깻가루(탈피) … 3숟가락(21g)
다진 마늘 … ⅓숟가락(5g)
국간장 … ⅔숟가락(4g)

1 느타리버섯은 잘게 찢고, 표고버섯은 얇게 채썰기하고, 팽이버섯은 비슷한 크기로 송송 썰어줘요.

2 냄비에 육수를 붓고 끓으면 1의 버섯을 모두 넣고, 다진 마늘을 넣은 뒤 3분간 끓이다가 국간장을 넣어요.

3 들깻가루를 넣고 불을 꺼요.

밍구's TIP! 갓 이유식을 뗀 아이라면 버섯을 먹기 좋게 가위로 잘게 잘라주세요.

KIDS FOOD 3

청경채볶음

3회분

청경채 … 2덩이(100g)
진간장 … ½숟가락(3g)
올리고당 … ½숟가락(5g)
들기름 … 약간

1 청경채는 질긴 뿌리 쪽을 잘라내고 깨끗이 씻어 작게 잘라요.

2 달군 프라이팬에 들기름을 두르고 청경채를 넣어 강불에서 30초간 휘리릭 볶아요.

3 청경채의 숨이 죽으면 간장과 올리고당을 넣어 간을 한 뒤 재빨리 볶아내요.

느타리버섯 무침	삼치조림
밥	감자국

생선을 싫어하는 아이도 반하는 맛

삼치조림 · 감자국 · 느타리버섯무침

어릴 때부터 생선을 많이 접해본 아이들은 어른이 되어서도 생선을 가리지 않고 잘 먹게 돼요.
맛있는 조림양념을 넣어 만든 삼치조림이라면
남녀노소 불문하고 모두가 맛있게 밥 한 그릇 뚝딱할 수 있어요.

영양 노트

- 15~24개월은 밥 1/3공기(80~90g), 25~60개월은 1/2공기(120~130g) 정도가 적당해요.
- 느타리버섯은 버섯 중에서도 식이섬유가 많은 버섯으로 배변활동을 돕고 유산균 증식 효과가 있어 아이들 장 건강에 좋아요.

KIDS FOOD 1

삼치조림

3회분

삼치 … ½마리(230g)
물 … 1½컵(270g)

조림양념

진간장 … 1½숟가락(10g)
올리고당 … 1숟가락(10g)
다진 파 … ½숟가락(6g)
다진 마늘 … ½숟가락(7g)
청주 … 1숟가락(5g)
소금 … 약간

1 삼치는 6등분한 뒤 쌀뜨물에 담가요.

생선을 조리하기 전 쌀뜨물에 잠깐 담가두면 비린내가 제거되고 살을 부드럽게 해줘요.

2 냄비에 삼치를 넣고 물을 붓고, 조림양념을 넣어 강불에서 끓여요.

갓 이유식을 뗀 아이라면 조림양념의 다진 파, 마늘의 양을 더 줄여도 괜찮아요.

3 끓으면 중불로 낮춰 5분간 더 끓인 뒤 약불에서 5~10분간 조려줘요.

끓이는 중간 중간 숟가락으로 양념을 떠서 삼치 위에 끼얹어주면 양념이 쏙쏙 잘 배어요.

KIDS FOOD 2

감자국

3회분

감자(중) … 1개(120g)
멸치다시육수 … 3컵(540g)
송송 썬 대파 … 1숟가락(10g)
다진 마늘 … ⅓숟가락(4g)
국간장 … ⅔숟가락(4g)

1 감자는 먹기 좋은 크기로 썰고, 찬물에 10분간 담갔다 물기를 빼줘요.

감자는 전분기를 제거하고 써야 걸쭉하지 않고 맑은 국물이 완성돼요.

2 냄비에 육수를 붓고 강불에서 끓어오르면 감자를 넣어요. 중불에서 끓이면서 중간 중간 거품을 걷어내요.

3 5분 정도 끓인 뒤 다진 마늘, 송송 썬 대파, 국간장을 넣어요.

밍구's TIP!

★너무 오래 끓이면 감자가 부서질 수 있어요.
★국을 끓일 때 간을 최대한 심심하게 하는 게 좋아요. 국간장이나 소금은 맛을 보며 가감해서 넣어주세요.

KIDS FOOD 3

느타리버섯무침

3회분

느타리버섯 … 2덩이(150g)
채 썬 당근 … ½줌(25g)
깨 … 약간
소금 … 약간
참기름 … ⅓숟가락
식용유 … 약간

1 느타리버섯은 얇게 찢고, 당근은 얇게 채썰기해요.

2 끓는 물에 느타리버섯을 살짝 데치고 찬물에 담가 식힌 뒤 물기를 꼭 짜요.

3 달군 프라이팬에 식용유를 두르고 당근을 올려 재빨리 익혀요.

당근 속 비타민A는 지용성 비타민이므로 기름에 볶아 먹으면 비타민 흡수율을 높일 수 있어요.

4 데쳐둔 느타리버섯과 볶은 당근, 깨, 소금, 참기름을 한데 넣고 조물조물 무쳐요.

가지부추볶음	임연수구이
귀리밥	바지락미역국

바다향 풍기는 영양 식단!

바지락미역국 · 임연수구이 · 가지부추볶음

고기로 진한 국물을 낸 미역국도 맛있지만 가끔 바지락으로 시원하게 끓인 미역국이면 속 든든하게 하루를 시작할 수 있어요. 생선 중에서도 비린내가 적고 뼈와 살이 연한 임연수를 구워서 함께 내면 더할나위 없는 영양 식단이 완성되지요.

영양 노트

- 15~24개월은 밥 1/3공기(80~90g), 25~60개월은 1/2공기(120~130g) 정도가 적당해요.
- 임연수는 고단백에 오메가-3 지방산 등 필수지방산이 풍부하여 건강한 세포막 형성에 도움을 줍니다.

KIDS FOOD 1

바지락 미역국

3회분

불린 미역 … 1줌(80g)
바지락 … 1컵(170g)
물 … 3 ½컵(630g)
국간장 … 1숟가락(7g)
다진 마늘 … ⅓숟가락(4g)

1 불린 미역(p.25 참고)은 작게 자르고, 바지락(p.26 참고)은 해감해요.

2 냄비에 바지락과 물을 붓고 팔팔 끓여 체나 면보에 걸러요. 바지락만 건져 살을 발라둬요.

3 바지락육수에 미역을 넣고 중불에서 5~ 10분간 끓이다가 국간장과 다진 마늘, 바지락살을 넣어 끓여요.

밍구's TIP! 고기가 들어간 미역국은 끓일수록 깊은 맛이 나지만 바지락이나 굴이 들어간 미역국이라면 적당히 끓여야 시원하고 깔끔한 국물을 맛볼 수 있어요.

KIDS FOOD 2

임연수구이

3~4회분

임연수 … ½마리(200g)
밀가루 … 2숟가락(30g)
쌀뜨물 … 3컵(540g)
소금 … 2꼬집
식용유 … 약간

1 임연수는 살 안쪽 부분에 소금을 골고루 뿌려 10분간 절이고, 3등분한 뒤 쌀뜨물에 10~30분간 담가 비린내를 제거해요.

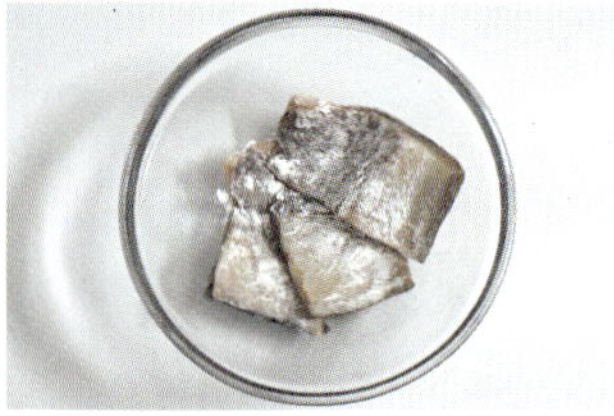

2 임연수에 밀가루를 골고루 묻혀요.

3 달군 프라이팬에 식용유를 두르고 껍질이 바닥에 닿게 얹어요.

껍질 부분을 먼저 올려야 잘 타지 않고 생선이 구부러지지 않아요.

4 앞뒤로 뒤집어가며 중약불에서 속까지 골고루 익혀요.

KIDS FOOD 3

가지부추볶음

3회분

가지 … ⅓개(40g)
부추 … 1줌(30g)
진간장 … ⅓숟가락
올리고당 … ⅓숟가락(3g)
깨 … 약간
참기름 … 1숟가락(8g)
식용유 … 약간

1 가지는 부채꼴썰기하고, 부추는 작게 송송 썰어요.

2 달군 프라이팬에 식용유를 두르고 가지를 넣어 중불에서 숨이 죽을 때까지 볶아요.

3 여기에 부추, 간장, 올리고당을 넣고 30초간 볶은 뒤 마지막에 참기름과 깨를 뿌려요.

아빠 & 엄마도 먹어요!
어른들이 먹을 경우 고추기름을 넣어서 볶아도 좋아요.

채소+고기가 싫은 아이들을 위한 김밥 2종 세트

계란말이김밥 · 소고기부추김밥

어린 아이들에게 일반 김밥은 채소의 식감이 딱딱할 수 있어요. 채소를 잘게 다져 넣은 부드러운 계란말이를 김밥 속으로 활용해보세요. 또 소고기에 달콤한 불고기양념을 더해서 김밥을 만들어주면 고기를 잘 안 먹는 아이들도 쏙쏙 집어 먹게 될 거예요.

영양 노트

- 김밥은 15~24개월은 3회분, 25~60개월은 2회분으로 적당한 분량이에요.
- 계란과 소고기가 골고루 들어 있어 필수아미노산뿐 아니라 철분 등 무기질까지 섭취할 수 있는 메뉴입니다.

KIDS FOOD 1

계란말이 김밥

2~3회분

계란 … 2개(120g)
밥 … ⅓공기(70g)
김(김밥용) … ⅔장
다진 부추 … ½숟가락(4g)
다진 당근 … ½숟가락(5g)
다진 파프리카 … ½숟가락(7g)
소금 … 약간
참기름 … 약간
식용유 … 약간

1 부추와 당근, 파프리카는 잘게 다져요.

2 계란을 풀고, 여기에 1의 다진 채소를 모두 넣은 뒤 소금을 넣어요.

냉장고 속 남은 채소를 다져서 계란물에 넣어도 좋아요.

3 달군 프라이팬에 식용유를 두르고 2의 절반을 넣어 말아준 뒤 나머지 반을 부어서 이어 말아줘요.

작은 프라이팬을 이용해 일반 계란말이를 말 때보다 좀 더 동그랗게 촘촘히 만다는 느낌으로 말아주세요.

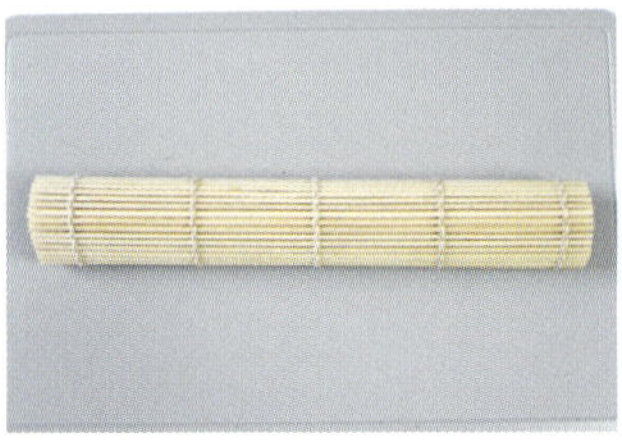

4 계란말이는 식기 전에 김발에 올리고 동그랗게 모양을 잡아 잠시 식혀둬요.

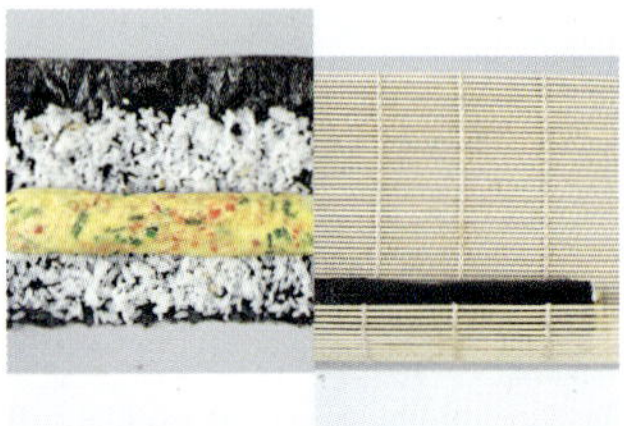

5 김을 깔고 밥을 얇게 펴준 뒤 계란말이를 올리고 김발로 모양을 잡아가며 돌돌 말아주세요. 참기름을 바르고 먹기 좋은 크기로 썰어요.

김의 거칠거칠한 면이 위로 오도록 해야 김밥이 터지지 않고 잘 말아져요.

KIDS FOOD 2

소고기부추 김밥

2~3회분

불고기용 소고기(목심) … 1줌(150g)
부추 … ½줌(15g)
밥 … ¼공기(50g)
김(김밥용) … ½장 / 참기름 … 약간

불고기양념

다진 마늘 … ⅓숟가락(4g)
다진 파 … ⅓숟가락(4g)
진간장 … ½숟가락(3g)
참기름 … 약간
갈은 배 … 1숟가락(15g)
올리고당 … ⅓숟가락(3g)

1 소고기는 키친타월로 살짝 눌러 핏기를 살짝 제거하고 **불고기양념**과 섞어서 15~30분간 재워요.

2 부추는 끓는 물에 살짝 데친 뒤 물기를 꼭 짜요.

3 달군 프라이팬에 참기름을 약간 두르고 소고기를 올려 물기가 없도록 바짝 볶아줘요.

소고기에 양념 국물이 많으면 김밥이 잘 안 말리고 터질 수 있어요. 물기 없게 바짝 볶아요.

4 김 위에 밥을 얇게 깔고 볶은 소고기와 데친 부추를 절반씩 올려 돌돌 말아줘요.

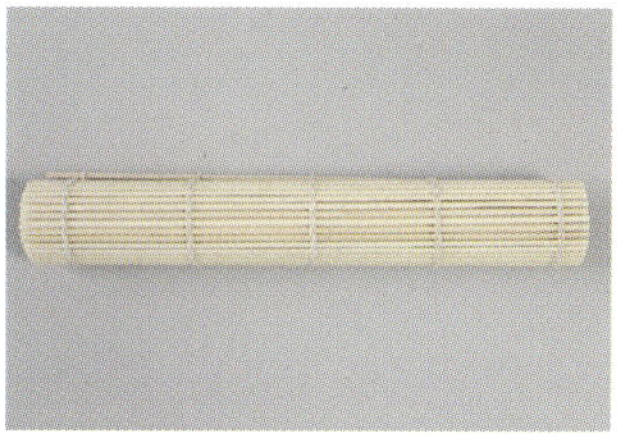

5 김발로 말아 모양을 잡아주고, 참기름을 약간 바른 뒤 먹기 좋은 크기로 잘라요.

배추 나물	새우 까스	타르타르 소스
밥		소고기배추 맑은국

새우 식감을 싫어하는 아이를 위한 식단

새우까스 · 소고기배추맑은국 · 배추나물

고기 대신 아이들 성장발육에 좋은 새우를 듬뿍 넣어 새우까스를 만들어봤어요. 새우의 씹는 식감이 싫거나 부담스러워하는 아이들을 위해 새우를 곱게 다지고 튀김옷을 입혀 바삭하게 튀겼어요. 우리 아이들이 좋아하는 메뉴 중 하나랍니다.

영양 노트

- 15~24개월은 밥 1/3공기(80~90g), 25~60개월은 1/2공기(120~130g) 정도가 적당해요.
- 적은 양으로도 열량을 많이 섭취할 수 있어 평소 식사량이 적은 아이들에게 좋은 메뉴입니다. 반대로 체중이 걱정되는 아이의 경우에는 양 조절이 필요합니다.

KIDS FOOD 1

새우까스

5~6회분

새우 … 10~15마리(400g)
빵가루 … ⅔숟가락(3g)
밀가루 … ⅓숟가락(5g)
식용유 … 넉넉히
튀김옷(재료는 각각 준비)
밀가루 … ½컵(50g)
계란 … 1개(60g)
빵가루 … 1컵(65g)

1 손질한 새우(p.25 참고)는 칼로 잘게 다져준 뒤 빵가루와 밀가루를 넣어 섞고 최대한 많이 치대요.

많이 치댈수록 튀길 때 모양이 잘 유지돼요.

2 새우반죽을 반으로 나눠 동그랗고 넓적하게 모양을 잡아줘요.

3 밀가루, 계란, 빵가루 순으로 **튀김옷**을 입혀줘요.

4 프라이팬에 식용유를 넉넉히 붓고 예열한 뒤 **3**을 올려 중약불에서 노릇하게 튀겨줘요.

기름 적정 온도는 튀김옷을 조금 떨어트렸을 때 가라앉았다가 바로 올라올 정도면 돼요. 색이 살짝 노릇할 때 꺼내는 게 좋아요. 꺼낸 뒤 기름 안에 있을 때보다 더 어두워진답니다.

밍구's TIP!
★새우 대신 돼지고기 등심으로 돈까스를 만들 수 있어요. 고기를 다져 소금, 후추를 약간씩 뿌려 밑간한 뒤 튀김옷을 입혀 기름에 튀겨내요.
★타르타르소스(p.22 참고)를 곁들여 주세요.

KIDS FOOD 2

소고기배추 맑은국

3회분

채 썬 소고기(샤브샤브용 우둔살) … ½줌(75g)
채 썬 배추 … 2줌(100g)
멸치다시육수 … 3컵(540g)
국간장 … ⅔숟가락(4g)

1 소고기와 배추는 채썰기해요.

소고기 부위는 다른 부위로 대체해도 상관없지만 기름기가 적은 부위로 국을 끓여야 국물 맛이 깔끔해요.

2 냄비에 육수를 붓고 강불에서 끓어오르면 배추와 소고기를 넣고 중불에서 5분간 더 끓여요.

중간 중간 끓어오르는 거품을 걷어내야 국물이 깔끔해요.

3 국간장을 넣고 한소끔 끓인 뒤 불을 꺼요.

KIDS FOOD 3

배추나물

3회분

채 썬 배추 … 2줌(100g)
멸치다시육수 … ⅓컵(60g)
국간장 … ⅓숟가락
들기름 … ½숟가락(4g)

1 배추는 송송 채썰기해요.

2 달군 프라이팬에 들기름을 두르고 배추를 넣어 볶아요.

3 육수를 붓고 뚜껑을 덮은 채 중약불에서 3분간 익힌 뒤 국간장을 넣어요.

두부계란찜밥	돼지안심 장조림
	배추전

부드러운 계란찜밥과 함께하는 단백질 식단!

두부계란찜밥 · 돼지안심장조림 · 배추전

통 밥을 먹지 않으려고 하는 아이에게 억지로 밥을 떠먹이려는 엄마, 밥상 전쟁이 따로 없어요.
이럴 땐 부드러운 계란찜 속에 밥을 넣어 폭 쪄보면 어떨까요?
계란찜밥에 감칠맛나는 돼지고기장조림 하나 얹어 맛있게 먹는 아이를 보니 덩달아 배가 부르는 듯해요.

영양 노트

- 두부계란찜밥은 15~24개월은 3회분, 25~60개월은 2회분으로 적당한 분량이에요.
- 돼지고기 안심은 열량이 삼겹살의 1/3 정도로 다른 부위에 비해 지방이 적고 부드러워서 아이들 식재료로 좋아요.

KIDS FOOD 1

두부계란찜밥

2~3회분

계란 … 1개(60g)
멸치다시육수 … 5숟가락(25g)
밥 … 2숟가락(40g)
다진 당근 … ½숟가락(5g)
다진 표고버섯 … ½숟가락(4g)
다진 부추 … ½숟가락(4g)
으깬 두부 … 1숟가락(15g)
소금 … 약간
들기름 … ½숟가락(4g)

1 당근, 표고버섯, 부추는 잘게 다지고, 두부는 살짝 으깨줘요.

2 내열용기에 계란을 풀고 육수를 넣어 섞은 뒤 **1**과 밥, 소금을 넣어 섞어요.

3 찜기에 넣고 중불에서 10~15분 정도 찐 뒤 들기름을 둘러줘요.

계란을 찌기 전 내열용기를 랩으로 덮은 뒤 이쑤시개로 구멍을 3~5개 내주세요.

밍구's TIP! 아이가 먹을 음식은 간을 최대한 심심하게 해주는 것이 좋아요. 그러나 너무 싱거워서 먹기 싫어할 때는 참기름이나 들기름을 조금 넣어주세요. 고소한 향 덕분에 더 잘 먹을 수 있어요.

KIDS FOOD 2

돼지안심 장조림

5회분

돼지고기(안심) … 3토막(300g)
대파 … 1대(80g)
청주 … 1숟가락(5g)

조림양념

고기 우린 물 … 2컵(360g)
진간장 … 2숟가락(14g)
올리고당 … 2숟가락(20g)

1 냄비에 돼지고기를 넣고 물을 넉넉히 부어 강불에서 끓여요. 끓어오르면 고기를 건져서 흐르는 물에 씻어 준비해요.

처음 고기 끓인 물은 버려요. 고기를 찬물에 한 번 헹궈야 불순물이나 잡내가 제거돼요.

2 냄비에 다시 돼지고기를 넣고 물을 넉넉히 부어요. 크게 자른 파, 청주를 넣고 20분간 푹 삶아요.

3 고기만 건져내 식혀두었다가 잘게 찢어줘요.

고기 우린 물은 버리지 말고 따로 보관해둬요.

4 냄비에 찢은 고기, **조림양념**을 넣고 강불에서 끓어오르면 중약불로 줄인 뒤 10분간 끓여서 졸여줘요.

5 약불에서 5분간 더 졸이고, 강불에서 한 번 더 팔팔 끓여줘요.

KIDS FOOD 3

배추전

2~3회분

배추 … 4장(150g)
밀가루 … 2숟가락(30g)
물 … 6숟가락(30g)
소금 … 약간
식용유 … 2숟가락(15g)

1 배추는 여린 속 부분으로 준비하고 꼭지를 잘라내요. 밀가루, 물, 소금을 섞어 반죽을 만들어요.

배추의 하얀 줄기 부분이 너무 두꺼울 경우 포를 떠서 얇게 만들어주세요.

2 배추에 반죽을 골고루 묻혀요. 달군 프라이팬에 식용유를 두르고 반죽을 묻힌 배추를 한 장씩 올려요.

3 중불에서 앞뒤로 1~3분씩 노릇하게 구워요.

밍구's TIP! 아기만능간장(p.20 참고)을 곁들여줘도 좋아요. 없다면 간장 ⅓숟가락, 물 2숟가락, 식초 약간을 넣고 섞은 뒤 활용하세요.

참외 무침	닭다리단호박 조림
밥	콩나물국

단호박을 싫어하는 아이를 위한 식단

닭다리단호박조림 · 콩나물국 · 참외무침

쫄깃한 닭다리는 아이들이 가장 좋아하는 메뉴!
여기에 단호박을 넣고 맛깔난 양념을 더해 맛있게 조려봤어요.
단호박의 단맛이 닭다리에 촉촉이 배여 자꾸만 손이 가는 일등 밥도둑이 되었어요.

영양 노트

- 15~24개월은 밥 1/3공기(80~90g), 25~60개월은 1/2공기(120~130g) 정도가 적당해요.
- 단백질이 풍부한 닭다리와 비타민이 풍부한 단호박이 만나 최상의 조합을 이룬 메뉴입니다.

KIDS FOOD 1

닭다리단호박 조림

3회분

닭다리 … 2개(200g)
단호박 … ⅙개(100g)
다진 파 … ½숟가락(6g)

조림양념

물 … 2컵(360g)
다진 마늘 … ⅓숟가락(4g)
진간장 … 1숟가락(7g)
올리고당 … 1숟가락(10g)
참기름 … 약간

1 손질한 닭다리(p.25 참고)는 양념이 잘 배게끔 칼집을 내고, 단호박은 닭다리와 비슷한 크기로 잘라줘요.

2 냄비에 닭다리를 넣고 물을 넉넉히 부어 강불에서 15~20분간 팔팔 끓여요. 다 끓인 뒤에 물만 버려줘요.

닭고기를 미리 한 번 익혀놓으면 조리는 시간을 단축시킬 수 있어요.

3 여기에 **조림양념**을 붓고 중약불에서 3분간 끓여요.

4 **3**에 단호박을 넣고 약불에서 5~10분간 더 조린 뒤 다진 파를 솔솔 뿌려줘요.

밍구's TIP! 갓 이유식을 뗀 아이라면 닭다리살을 뼈째로 주지 말고 살을 바른 뒤 찢어서 주도록 해요.

KIDS FOOD 2

콩나물국

3회분

콩나물 … 1½줌(115g)
멸치다시육수 … 3컵(540g)
다진 마늘 … ⅓숟가락(4g)
다진 파 … ⅓숟가락(4g)
국간장 … ⅔숟가락(4g)

1 손질한 콩나물(p.25 참고)은 깨끗이 씻어줘요.

2 냄비에 육수를 붓고 강불에서 끓어오르면 콩나물을 넣어요. 뚜껑을 연 채로 5분간 끓여요.

3 여기에 다진 마늘, 다진 파, 국간장을 넣어요.

아빠 & 엄마도 먹어요!
배추 김치 2~3장, 청양고추 1개를 송송 썰어 넣고 고춧가루 ½숟가락을 넣어 함께 끓이면 얼큰한 김치콩나물국이 돼요. 간은 개인의 취향에 맞게 국간장이나 소금으로 조절해서 드세요.

KIDS FOOD 3

참외무침

3회분

참외 … 1개(300g)
소금 … ½숟가락(5g)
물 … ⅓컵(60g)
식초 … ⅓숟가락(3g)
깨 … 약간

1 참외는 껍질을 까고 반으로 자른 뒤 씨를 제거해줘요.

2 참외를 반달모양으로 얇게 썰어요.

3 소금과 물을 섞은 뒤 참외에 부어 10분간 절여요. 참외를 건져내 깨끗한 물에 헹구고 물기를 꼭 짜줘요.

너무 오래 절이면 참외가 짜질 수 있어요.

4 참외, 식초, 깨를 한 번에 넣고 조물조물 무쳐요.

당도가 덜한 참외는 꿀을 조금 넣어 무쳐주면 맛있어요. 무칠 때 고춧가루 1/2숟가락, 고추장, 참기름, 다진 마늘을 약간씩 넣으면 어른용 반찬이 돼요.

뜨끈한 고기젓국이면 추운 겨울도 거뜬!

카레닭갈비 · 고기두부젓국 · 가지구이

어렸을 때 할머니께서 겨울이 되면 종종 끓여주셨던 국이 가끔씩 생각날 때가 있어요.
두부와 돼지고기 그리고 새우젓을 넣어 맑게 끓인 국이었지요.
새우젓이 들어가 시원한 맛이 일품이었답니다.

영양 노트

- 15~24개월은 밥 1/3공기(80~90g), 25~60개월은 1/2공기(120~130g) 정도가 적당해요.
- 채소를 꺼리는 아이에게 다양한 채소를 먹일 수 있는 카레 요리입니다. 들기름을 넣어 만든 가지구이까지 곁들이면 최상의 영양 메뉴가 탄생하지요.

KIDS FOOD 1

카레닭갈비

3회분

닭고기(닭다리살) … 3덩어리(250g)
채 썬 양배추 … 1컵(50g)
채 썬 당근 … ½컵(35g)
깻잎 … 5~10장(20g)
참기름 … ½숟가락(4g)

닭갈비양념

카레가루 … ½숟가락(7g)
물 … 1숟가락(5g)
다진 마늘 … ⅓숟가락(4g)
다진 파 … ⅓숟가락(4g)
진간장 … ⅓숟가락
올리고당 … ½숟가락(5g)

1 손질한 닭고기(p.25 참고)는 먹기 좋은 크기로 썰고, 양배추, 당근, 깻잎은 각각 채썰기해요.

2 **닭갈비양념**을 만들고 여기에 닭고기를 넣어 조물조물한 뒤 냉장고에서 15~30분간 재워줘요.

갓 이유식을 뗀 아이라면 일반 카레가루 대신 아기용 카레가루를 사용해도 돼요.

3 달군 프라이팬에 참기름을 두르고 재운 닭고기를 넣어 중불에서 1분간 볶다가 양배추, 당근을 넣고 중약불에서 닭이 익을 때까지 볶아요.

4 닭고기가 익으면 깻잎을 넣고 뒤적여줘요.

KIDS FOOD 2

고기두부젓국

3회분

두부 … ½모(160g)
돼지고기(안심) … ½줌(75g)
멸치다시육수 … 3컵(540g)
새우젓 … ⅓숟가락(10g)
다진 마늘 … ⅓숟가락(4g)
다진 파 … ½숟가락(6g)

1 두부는 작게 깍둑썰기하고, 돼지고기도 비슷한 크기로 잘라줘요.

2 냄비에 육수를 붓고 강불에서 끓어오르면 두부와 돼지고기를 넣고 5분간 더 끓여요.

끓이며 올라오는 거품은 걷어내요.

3 여기에 새우젓, 다진 마늘, 다진 파를 넣고 강불에서 끓여요.

KIDS FOOD 3

가지구이

3회분

가지 … ⅔개(80g)

가지양념

다진 부추 … ⅔숟가락(5g)
진간장 … ⅓숟가락
식초 … ⅓숟가락(3g)
올리고당 … ⅓숟가락(3g)
물 … 2숟가락(10g)
들기름 … ⅓숟가락(3g)

1 가지는 얇게 통썰기해요.

2 식용유를 두르지 않은 프라이팬을 달군 뒤 가지를 올려 약불에서 앞뒤로 1~3분씩 노릇하게 구워줘요.

3 **가지양념**을 만들어 구운 가지 위에 듬뿍 올려줘요.

과일 (딸기)	숙주 나물	가자미 강정
잡곡밥		콩비지찌개

편식하는 우리 아이 콩+생선 맛있게 먹이기!

콩비지찌개 · 가자미강정 · 숙주나물

생선을 잘 안 먹는 아이도 가자미를 고소하게 튀겨서
새콤달콤한 소스에 버무리면 엄지 척 하며 맛있게 먹는답니다.
여기에 콩비지를 듬뿍 넣어 구수하게 끓인 찌개를 곁들여주었답니다.

영양 노트

- 15~24개월은 밥 1/3공기(80~90g), 25~60개월은 1/2공기(120~130g) 정도가 적당해요.
- 가자미는 봄철에 불포화지방산과 단백질이 최고이지요. 여기에 봄철 제철 과일인 딸기까지 곁들이면 봄 메뉴로 엄지 척!

KIDS FOOD 1

콩비지찌개

3~4회분

콩비지 … 1½컵(300g)
멸치다시육수 … 2½컵(450g)
표고버섯 … 1개(20g)
애호박 … ⅓컵(35g)
씻은 김치 … ½줌(70g)
다진 돼지고기 … 1숟가락(30g)
새우젓 … ⅓숟가락(10g)
다진 마늘 … ⅓숟가락(4g)
참기름 … 약간

1 손질한 표고버섯(p.27 참고)과 애호박은 부채꼴썰기하고, 김치는 물에 씻은 뒤 물기를 꽉 짜서 채썰기해요.

2 달군 냄비에 참기름을 약간 두르고 다진 돼지고기와 김치를 넣어 살짝 볶아요.

3 여기에 육수와 콩비지를 넣고 강불에서 끓어오르면 표고버섯, 애호박을 넣고 중불에서 3~5분간 더 끓여요.

4 새우젓, 다진 마늘을 넣어요.

아빠 & 엄마도 먹어요!
김치를 씻지 않고 그대로 사용하고 고춧가루 ⅓숟가락, 송송 썬 파 약간을 넣어주면 얼큰한 콩비지 찌개가 완성됩니다.

KIDS FOOD 2

가자미강정

3~4회분

가자미(소) … 1마리(200g)
밀가루 … 1숟가락(15g)
전분가루 … 1숟가락(15g)
식용유 … 넉넉히

강정양념

케첩(아이용) … 1숟가락(10g)
다진 마늘 … 약간
물 … 1숟가락(5g)
진간장 … ½숟가락(3g)
올리고당 … 1숟가락(10g)
깨 … 약간

1 손질한 가자미(p.26 참고)는 8등분 해 쌀뜨물에 잠시 담가요.

가자미를 쌀뜨물에 담가두면 비린내가 제거되고 살을 연하게 해줘요.

2 밀가루와 전분가루, 가자미를 비닐에 넣고 흔들어 섞어요.

3 프라이팬에 식용유를 넉넉히 붓고 예열한 뒤 가자미를 넣어 중불에서 노릇하게 튀겨줘요.

나무젓가락을 넣었을 때 기포가 보글보글 올라오면 튀기기 적당한 온도입니다.

4 프라이팬에 **강정양념**을 부은 뒤 한 번 끓어오르면 불을 꺼요.

케첩은 아기케첩(p.21 참고) 2숟가락으로 대체할 수 있어요.

5 여기에 튀긴 가자미**(3)**를 넣고 굴려가며 골고루 양념을 묻혀줘요.

생선살이 부서지지 않도록 조심스럽게 양념을 묻혀주는 게 중요해요.

KIDS FOOD 3

숙주나물

3회분

숙주 … 2줌(160g)
소금 … 약간
참기름 … ⅓숟가락(3g)

1 숙주는 물에 담가 씻으면서 껍질을 제거하고 지저분한 부분을 떼줘요.

2 다음은 숙주는 끓는 물에 30초 정도 데치고 건져서 찬물에 헹구고 물기를 꼭 짜줘요.

너무 오래 삶으면 식감이 질겨질 수 있어요.

3 숙주와 소금, 참기름을 넣고 조물조물 무쳐요.

예쁜 삼색수제비와 뼈에 좋은 표고버섯전

바지락삼색수제비 · 표고버섯채소전

평소 밀가루를 잘 먹지 않는 아이에게 알록달록 예쁘고 재밌는 반죽을 만들어 수제비를 해주세요. 색깔 별로 골라 먹는 재미가 있어요. 아이와 같이 요리를 하면 아이의 성취감을 높여주고, 열심히 자기 손으로 만든 만큼 밥도 더 잘 먹는답니다.

영양 노트

- 수제비 반죽을 할 때, 아이는 밀가루 1/2컵, 어른은 1컵 분량이 1인분으로 적당해요. 레시피처럼 밀가루 3컵 반죽하면 어른 2인, 아이 2인이 함께 먹기 적당한 분량이 나온답니다. 인원에 맞게 밀가루의 양을 조절해주세요.

바지락 삼색수제비

5~6회분

바지락 … 1줌(100g)
멸치다시육수 … 3 ½컵(630g)
자른 애호박 … ½컵(50g)
다진 마늘 … ⅓숟가락(5g)

즙내기(비트즙, 부추즙)
비트 … ⅕개(65g)
부추 … ½줌(15g)
물 … 2컵(360g)

흰 반죽
밀가루 … 1컵(100g)
물 … ⅓컵(60g)
소금 … 약간

비트반죽
밀가루 … 1컵(100g)
비트즙 … ⅓컵(65g)
소금 … 약간

부추반죽
밀가루 … 1컵(100g)
부추즙 … ⅓컵(65g)
소금 … 약간

1 **비트즙**, **부추즙**을 만들고 **흰 반죽**, **비트반죽**, **부추반죽**은 만들어 숙성시켜둬요.

2 냄비에 육수를 붓고 손질한 바지락(p.26 참고)을 넣어 끓여요. 바지락 입이 벌어지면 건져내고 살을 발라둬요. 육수는 체나 면보에 한 번 걸러줘요.

3 바닥에 비닐을 깔고 숙성된 반죽을 조각조각 떼어 올려요. 반죽당 10~15조각 정도가 적당해요. 냉동실에 잠깐 넣고 굳혀요.

끓는 육수에 반죽을 직접 떼어 넣어도 괜찮지만 미리 떼어낸 반죽을 냉동실에 잠깐 얼렸다가 육수에 한 번에 넣어주면 익는 시간이 같아져 식감이 훨씬 좋아져요.

4 냄비에 육수(2)를 붓고 강불에서 끓어오르면 수제비 반죽을 모두 넣어 3분간 팔팔 끓여줘요. 애호박, 다진 마늘을 넣고 3~5분간 더 끓여요.

멸치육수와 바지락으로 끓였기 때문에 간을 더 할 필요는 없지만 재료마다 차이가 있으니 부족한 간은 국간장으로 맞춰요.

밍구's TIP!

즙내기 : 부추즙, 비트즙
잘게 썬 부추와 물 1컵을 믹서에 넣고 곱게 갈아준 뒤 체에 걸러 부추즙을 만들어요.
비트즙도 같은 방법으로 만들어요.

반죽하기 : 흰 반죽, 부추반죽, 비트반죽
1 밀가루 1컵에 부추즙 ⅓컵을 넣고 숟가락으로 가볍게 저어서 반죽이 몽글몽글해지게 만들어줘요.
처음부터 손으로 반죽을 하게 되면 밀가루 반죽이 손에 덕지덕지 달라붙어 반죽하기 불편할 수 있어요.
2 손으로 힘을 주며 5~10분간 여러 번 치대요.
3 동그랗게 만든 반죽은 비닐에 담아 냉장고에서 1시간 이상 숙성시켜주세요.
흰 반죽, 비트반죽도 같은 방법으로 만들어요.

1

2

3

KIDS FOOD 2

표고버섯채소전

2회분
표고버섯 … 2개(40g)
부추 … ½줌(15g)
다진 당근 … 1숟가락(10g)
다진 파프리카(노랑) … 1숟가락(15g)
밀가루 … 1½숟가락(22g)
계란 … 1개(60g)
소금 … 약간
참기름 … ½숟가락(4g)
식용유 … 약간

1 손질한 표고버섯(p.27 참고)과 부추, 당근, 파프리카는 각각 잘게 다져요.

2 볼에 **1**의 재료를 모두 넣고 밀가루, 계란, 소금, 참기름을 넣은 뒤 섞어줘요.

3 달군 프라이팬에 식용유를 두르고 중불에서 표고버섯 반죽을 한 숟가락씩 올려 앞뒤로 각 2분씩 노릇하게 부쳐줘요.

아기비트 무생채	묵은지 무침	표고들깨 무침
밥		맑은뼈다귀 감자탕

씹고 뜯고 맛보고 즐기고~

맑은뼈다귀감자탕 · 표고들깨무침 · 묵은지무침

유독 고기를 싫어하는 아이도 있어요. 그런데 등갈비나 소갈비찜과 같이 뼈에 살이 붙어있는 고기를 주면 뜯어먹는 재미가 있는지 잘 먹기도 하더라고요. 돼지 등뼈로 맵지 않고 맑은 감자탕을 끓여보았어요.

영양 노트

- 돼지고기는 다른 고기에 비해 비타민 B2가 풍부합니다. 비타민 B2는 밥을 주식으로 하는 한식에서는 부족하기 쉬운 중요한 영양소입니다. 채소 반찬과 곁들여 먹으면 영양 궁합이 아주 좋은 식단이에요.

KIDS FOOD 1

맑은뼈다귀 감자탕

5~6회분

돼지 등뼈 … 1.5kg
감자(소) … 4개(400g)
물 … 넉넉히
멸치다시육수 … 넉넉히
대파 … 2대(160g)
생강 … 4쪽(30g)
청주 … ½컵(90g)
된장 … 1숟가락(30g)
다진 마늘 … 1숟가락(15g)
송송 썬 파 … 1줌(25g)
새우젓 … 1숟가락(30g)

1 큰 냄비에 물을 붓고 손질한 돼지 등뼈(p.26 참고)와 대파, 생강, 청주, 된장을 넣고 강불에서 끓어오르면 약불로 줄이고 2시간 정도 끓여요.

끓이는 동안 등뼈에서 나오는 거품과 기름을 수시로 걷어내야 국물이 맑고 깔끔해져요.

2 등뼈가 익을 동안 감자를 삶아요.

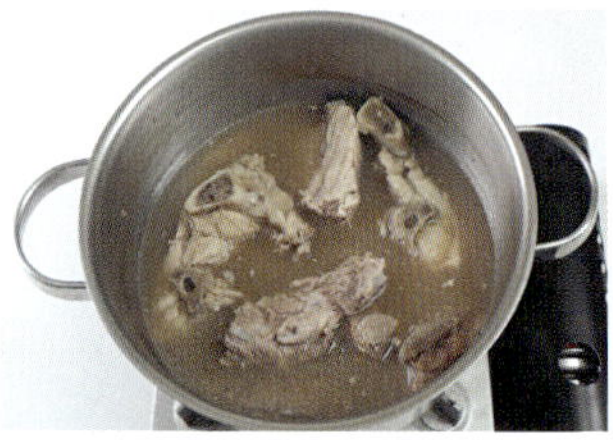

3 등뼈의 뼈와 살이 쉽게 분리될 정도로 푹 익었다면 대파와 생강을 건지고 등뼈 우린 물은 ½ 정도만 남기고 버려요.

4 멸치다시육수를 등뼈가 잠길 때까지 넣고 삶은 감자를 넣어요.

전날 4번 과정까지 만든 뒤 냉장 보관해뒀다가 다음날 굳은 기름을 제거하고 조리하면 국물이 훨씬 깔끔해요.

5 강불에서 끓어오르면 거품을 걷어내고, 중불에서 5분간 끓인 뒤 다진 마늘, 송송 썬 파, 새우젓을 넣어요.

간이 부족하게 느껴진다면 국간장으로 간을 맞춰주세요. 갓 이유식을 뗀 아이라면 반드시 뼈와 살을 분리해주세요.

KIDS FOOD 2

표고들깨무침

3회분

표고버섯 … 3개(60g)
팽이버섯 … ¼덩이(30g)
부추 … ½줌(15g)

무침양념

진간장 … ½숟가락(3g)
들깻가루 … 1숟가락(7g)
들기름 … 약간

1 손질한 표고버섯(p.27 참고)은 채썰기하고, 팽이버섯은 3등분, 부추는 비슷한 크기로 썰어주세요.

2 끓는 물에 표고버섯, 팽이버섯, 부추를 넣고 살짝 데쳐요.

3 체에 걸러 찬물에 한 번 헹군 뒤 물기를 꼭 짜고, **무침양념**을 넣어 조물조물 무쳐요.

> 밍구's TIP! 새송이버섯, 느타리버섯, 만가닥버섯 등 다른 버섯으로 대체해도 돼요.

KIDS FOOD 3

묵은지무침

3회분

묵은지 … 1줌(135g)
들기름 … ½숟가락(4g)
올리고당 … ⅓숟가락(4g)
깨 … 약간

1 송송 썬 묵은지는 물에 박박 씻어낸 뒤 찬물에 1시간 이상 담가 염분을 빼요.

2 끓는 물에 묵은지를 넣고 살짝 데쳐줘요.

3 데친 묵은지는 물기를 꼭 짠 뒤 올리고당, 들기름, 깨를 넣고 조물조물 무쳐요.

상추 샐러드	표고버섯 탕수육	방울 토마토
밥		김치 순두부탕

고소한 탕수육과 부들부들한 김치순두부의 만남

김치순두부탕 · 표고버섯탕수육 · 상추샐러드

표고버섯 특유의 향을 싫어하는 아이들에게는 바삭하게 튀겨낸 버섯탕수육을 만들어주세요.
고기가 들어있지 않지만 고기 같은 식감과 맛을 느낄 수 있어서 아이들이 아주 좋아한답니다.
묵은지의 양념을 씻어내고 순하게 끓인 순두부탕으로 입맛을 개운하게 만들어주세요.

영양 노트

- 15~24개월은 밥 1/3공기(80~90g), 25~60개월은 1/2공기(120~130g) 정도가 적당해요.
- 양질의 식물성 단백질과 비타민을 골고루 섭취할 수 있는 식단이에요. 탕수육은 열량이 높은 편으로 체중이 걱정되는 아이의 경우에는 양 조절이 필요합니다.

KIDS FOOD 1

김치순두부탕

3회분

묵은지 … ¼포기(100g)
대파 … ¼대(20g)
순두부 … 1봉(350g)
멸치다시육수 … 4컵(720g)
다진 마늘 … 약간
새우젓 … ⅓숟가락(10g)
참기름 … 1숟가락(8g)

1 묵은지는 양념을 씻어내고 물기를 꼭 짜 준비해요.

2 묵은지는 먹기 좋은 크기로 썰고 대파도 송송 썰어요.

3 냄비에 참기름을 두르고 묵은지를 넣어 볶아요.

4 여기에 육수를 붓고 끓여요.

5 끓어오르면 순두부, 대파를 넣고 다진 마늘과 새우젓으로 간을 한 뒤 중불에서 약 10분간 끓여요.

KIDS FOOD 2

표고버섯 탕수육

4회분

표고버섯(중) … 4개(80g)
자른 파프리카 … ½줌(20g)
자른 양파 … ½줌(20g)
자른 오이 … 약간(10g)
식용유 … 넉넉히

튀김반죽

전분가루 … ⅓컵(30g)
밀가루 … ⅔컵(60g)
차가운 물 … ⅔컵(120g)
소금 … 약간

탕수육소스

물 … 1컵(180g)
진간장 … 1숟가락(7g)
식초 … ⅔숟가락(5g)
설탕 … 1숟가락(8g)

전분물

전분가루 … 1숟가락(15g)
물 … 3숟가락(15g)

1 표고버섯, 파프리카, 양파, 오이는 깍둑썰기해요.

이때 오이는 중앙의 씨 부분을 제거하고 썰어요.

2 표고버섯에 **튀김반죽**을 묻혀요. 냄비에 버섯이 잠길 정도로 식용유를 넉넉히 붓고 예열한 뒤 튀김옷을 입힌 표고버섯을 하나씩 넣어 튀겨주세요.

중불에서 3~5분 정도 겉이 약간 노릇해질 때까지 튀겨준 뒤 체에 밭쳐 기름을 빼주세요.

3 프라이팬에 **탕수육소스** 재료를 넣고 강불에서 끓어오르면 약불로 줄인 뒤 나머지 채소를 넣고 1분간 더 끓여요.

4 **전분물**을 조금씩 부어가며 농도를 걸쭉하게 조절해요.

KIDS FOOD 3

상추샐러드

2회분

상추 … 10장(65g)

양념

식초 … ½숟가락(4g)

진간장 … 1숟가락(7g)

올리고당 … ½숟가락(5g)

통깨 … 약간

참기름 … ½숟가락(4g)

1 상추는 지저분한 것을 다듬고 깨끗이 씻어 준비해요.

2 **양념** 재료를 모두 섞어 준비해요.

3 먹기 좋은 크기로 썬 상추에 양념을 붓고 살살 무쳐요.

채소와 버섯을 더 맛있게 즐기는 법!

채소카레라이스 · 양송이치즈구이 · 계란샐러드

아이들에게 채소를 부담 없이 많이 먹게 할 수 있는 메뉴 중 하나가 바로 카레라이스이지요. 양송이버섯에 치즈를 넣어서 구우면 고소함이 배가되어 아이들이 무척 좋아한답니다.

영양 노트

- 15~24개월은 밥 1/3공기(80~90g), 25~60개월은 1/2공기(120~130g) 정도가 적당해요.
- 카레에 다양한 채소를 수프처럼 갈아 넣어 채소를 잘 안 먹는 아이들에게도 부담 없이 먹일 수 있어요.

KIDS FOOD 1

채소 카레라이스

3회분

양파 … ⅔개(160g)
당근 … ¼개(60g)
파프리카 … ⅓개(55g)
고체카레 … 4조각(20g)
물 … 4컵(720g)
식용유 … 약간

1 양파, 당근, 파프리카는 채썰기해요.

2 달군 프라이팬에 식용유를 두르고 채 썬 채소를 넣어 볶아요.

3 약불에서 10분간 갈색빛이 나도록 타지 않게 충분히 볶은 뒤 믹서기에 물과 함께 갈아요.

4 냄비에 끓이다 끓어오르면 고체카레를 넣어요.

5 약불에서 잘 풀어 완성해요.

KIDS FOOD 2

양송이치즈구이

3회분

양송이버섯 … 6개(90g)
스트링치즈 … 2개(36g)
올리브오일 … 약간
소금 … 약간

1 양송이버섯은 지저분한 부분을 다듬어 기둥을 제거하고 스트링치즈는 양송이 안에 들어갈 수 있는 크기로 잘라 준비해요.

2 달군 프라이팬에 올리브오일을 두르고 치즈를 넣은 양송이버섯을 올려 약불에서 뚜껑을 덮어 구워요.

3 소금으로 간을 맞추고 치즈가 녹으면 불을 끄고 완성해요.

KIDS FOOD 3

계란샐러드

3~4회분

계란 … 4개(240g)
다진 파프리카 … 1숟가락(15g)
다진 오이 … 1숟가락(15g)

드레싱

마요네즈 … ⅓숟가락(5g)
식초 … ⅓숟가락(3g)
올리고당 … ⅓숟가락(3g)
우유 … 1숟가락(5g)

1 삶은 계란 4개는 반으로 자르고 노른자와 흰자를 분리해요. 계란 흰자 3개 분량은 그대로 두고, 나머지는 노른자와 함께 으깨요.

2 으깬 계란에 다진 파프리카, 다진 오이, **드레싱**을 모두 넣고 섞어요.

3 남겨둔 흰자 아랫부분을 살짝 잘라 평평하게 만들고 **2**의 계란샐러드를 흰자 안에 소복하게 담아요.

계란 아랫부분을 약간 잘라내야 계란이 안정적으로 잘 세워져요.

맛과 영양 둘 다 잡는 한 끼

돼지고기덮밥 · 숙주맛살무침

아이들이 채소를 잘 먹지 않는다면 잘게 썰어서 좋아하는 음식과 함께 요리해보세요.
채소를 돼지고기와 함께 고슬고슬하게 볶아 밥 위에 얹어주면 아이들도 잘 먹는답니다.
또 고소한 크래미를 잘게 찢어 아삭아삭한 숙주와 무쳐주면 맛과 영양 둘 다 잡을 수 있지요.

영양 노트

- 15~24개월은 밥 1/3공기(80~90g), 25~60개월은 1/2공기(120~130g) 정도가 적당해요.
- 갓 이유식을 뗀 아이에게는 먹기 편하도록 숙주맛살무침을 잘게 다져주세요.

KIDS FOOD 1

돼지고기 덮밥

2회분

다진 돼지고기 … 1줌(80g)
부추 … 2줌(40g)
양파 … ¼개(60g)
참기름 … 1숟가락(8g)

고기양념

다진 마늘 … ½숟가락(10g)
진간장 … ½숟가락(3g)
까나리액젓 … ½숟가락(3g)
맛술 … 1숟가락(5g)
후추 … 약간

1 양파와 부추는 잘게 다져요.

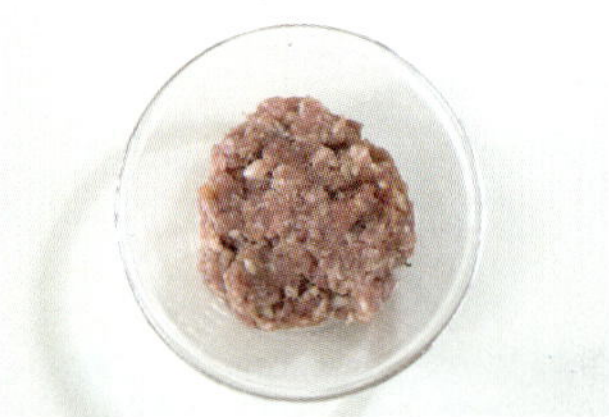

2 다진 돼지고기에 **고기양념**을 넣어 약 10분간 잠시 재워둬요.

3 달군 프라이팬에 참기름을 두르고 다진 양파와 양념한 고기를 넣어 뭉치지 않도록 고슬고슬하게 볶아요.

4 고기가 익으면 부추를 넣은 뒤 뒤적이고 불을 끕니다. 밥 위에 적당량 얹어주세요.

KIDS FOOD 2

숙주맛살무침

3회분

숙주 … 2줌(165g)
오이 … ⅓개(80g)
크래미 … 2개(70g)
양념
식초 … 약간
올리고당 … 1숟가락(10g)
통깨 … 약간
소금 … 약간
참기름 … ½숟가락(4g)

1 숙주는 깨끗하게 씻어 다듬은 뒤 끓는 물에 데치고 찬물에 헹궈 물기를 꼭 짜주세요.

2 오이는 채썰기하고 크래미는 결대로 찢어 준비해요.

3 **양념** 재료를 미리 섞어 준비해요.

4 넓은 볼에 재료를 모두 넣고 살살 무쳐 완성해요.

Vitamin
Carb
Protein

CHAPTER 03

반찬 없이 빠르게 차려 먹는 든든한 한 그릇 밥

식판식은 여러 가지 반찬을 담아줄 수 있어 좋지만
매번 2~3가지 반찬을 해야 해서 바쁘고 정신 없는 날만큼은 피하고 싶기도 하죠.
그럴 때 활용하면 좋은 한 그릇 밥을 소개합니다.
맛과 영양까지 두루 챙길 수 있는 메뉴들로 구성해봤어요.

간단하지만 감칠맛 나는 한 그릇

해물볶음밥

냉장고에서 쉽게 구할 수 있는 재료들로 후다닥 볶아주는 볶음밥이야말로 한 그릇 요리의 최고가 아닌가 싶어요. 냉장고 재료도 말끔히 정리할 수 있는 절호의 기회! 밥이랑 각종 채소, 해물, 고기 등 편하게 털어 넣고 맛있게 볶아 아이와 함께 즐겨보세요.

영양 노트

- 15~24개월은 밥 1/3공기(80~90g), 25~60개월은 1/2공기(120~130g) 정도가 적당해요.
- 아기용 김치나 피클, 샐러드 등을 곁들여 채소 섭취량을 늘려주세요.

1회분

다진 새우 … 1½숟가락(30g)
다진 오징어 … 1½숟가락(30g)
다진 양파 … 1½숟가락(15g)
다진 양배추 … 1½숟가락(15g)
다진 쑥갓 … 1½숟가락(10g)
밥 … ⅓~½공기(80~130g)
계란 … 1개(60g)
식용유 … 약간

1 손질한 새우(p.25 참고)와 오징어(p.27 참고)는 잘게 다지고, 채소도 모두 다져서 준비해요.

2 달군 프라이팬에 식용유를 약간 두르고 계란물을 부어 스크램블 에그를 만들어요.

3 달군 프라이팬에 식용유를 두르고 양파를 넣어 볶다가 양배추, 새우, 오징어를 넣고 중불에서 15초간 휘리릭 볶아요.

4 여기에 밥을 넣고 주걱을 세워서 밥알을 흩트려가며 중불에서 1분간 더 볶아줘요.

볶음밥 속 밥의 고슬고슬한 식감을 싫어하는 아이들도 있어요. 그럴 땐 약간 진밥을 사용해도 괜찮아요.

5 여기에 스크램블 에그(2)와 쑥갓을 넣고 섞어요.

새우와 오징어에 간이 되어 있기 때문에 소금은 따로 넣지 않아요.

국민 요리 김치볶음밥! 맵지 않아 걱정 NO!

치즈김치볶음밥

맵지 않도록 김치를 씻어서 아이들도 먹을 수 있는 김치볶음밥을 만들어요.
고소한 치즈를 얹어 김치를 잘 안 먹는 아이들도 거부감 없이 김치를 맛있게 먹을 수 있어요.

영양 노트

- 15~24개월은 밥 1/3공기(80~90g), 25~60개월은 1/2공기(120~130g) 정도가 적당해요.
- 아기용 김치나 피클, 샐러드 등을 곁들여 채소 섭취량을 늘려주세요.

1회분

씻은 김치 … ⅔줌(90g)
다진 양파 … 1숟가락(10g)
다진 파프리카 … 1숟가락(15g)
다진 돼지고기 … 2숟가락(60g)
아기치즈 … 1장(20g)
밥 … ⅓~½공기(80~130g)
참기름 … 약간

1 김치는 물에 한 번 씻어 매운맛과 짠맛을 없앤 뒤 잘게 다지고, 양파와 파프리카도 잘게 다져요.

2 달군 프라이팬에 참기름을 약간 두르고 다진 양파와 다진 돼지고기를 넣어요. 돼지고기가 살짝 익을 정도로만 볶아줘요.

3 여기에 씻은 김치**(1)**를 넣고 중불에서 1분 정도 더 볶아요.

4 여기에 밥과 파프리카를 넣고 주걱을 세워 밥알을 흩트려가며 중불에서 1~3분간 고슬고슬하게 볶은 뒤 불을 꺼요.

5 다 볶아진 밥 위에 아기치즈를 얹어 스르르 녹여요.

김치와 치즈에 이미 간이 되어 있으므로 따로 소금을 넣지 않아요.

버섯 한 그릇 대잔치

소고기버섯덮밥

여러 가지 종류의 버섯을 듬뿍 넣고 달짝지근한 소스를 만들어 밥 위에 얹어 주세요.
버섯이 이렇게 맛있는 요리였었나 싶을 정도로 맛있게 잘 먹을 거예요.

영양 노트

- 15~24개월은 밥 1/3공기(80~90g), 25~60개월은 1/2공기(120~130g) 정도가 적당해요.
- 아기용 김치나 피클, 샐러드 등을 곁들여 채소 섭취량을 늘려주세요.

1회분

채 썬 소고기(우둔살) … 1숟가락(40g)
표고버섯 … ½개(10g)
느타리버섯 … 1덩이(75g)
새송이버섯 … ¼개(20g)
밥 … ⅓~½공기(80~130g)
송송 썬 실파 … 1숟가락(10g)
참기름 … 약간

전분물

감자전분가루 … 2숟가락(30g)
물 … 6숟가락(30g)

덮밥소스

물 … ½컵(90g)
진간장 … ½숟가락(3g)
올리고당 … ½숟가락(5g)

1 소고기는 얇게 채썰기하고, 실파는 송송 썰어요. 느타리버섯은 길게 찢어주고, 표고버섯와 새송이버섯도 채썰기해요.

갓 이유식을 뗀 아이라면 버섯을 잘게 다지고 간장의 양은 ⅓로 줄여요.

2 **전분물**을 만들어요. 감자전분가루와 물을 섞어요.

3 달군 프라이팬에 참기름을 약간 두르고 소고기를 넣어 갈색빛이 돌 때까지 볶아요.

4 여기에 버섯들을 넣고 숨이 약간 죽을 때까지 강불에서 30초간 볶아요.

버섯은 오래 익히면 수분이 빠지고 질겨지기 때문에 강불에서 단시간에 조리하는 게 제일 좋아요.

5 **덮밥소스**를 넣고 보글보글 끓여줘요.

6 소스가 끓으면 불을 끄고 전분물(2)을 2숟가락 넣어 걸쭉하게 농도를 맞춰요.

7 실파를 넣고 섞은 뒤 밥 위에 얹어줘요.

엄마, 구름을 먹는 것 같아요~

마파순두부덮밥

부드러운 맛이 일품인 마파두부 덮밥. 일반 두부 대신 순두부를 넣어 봤어요.
특히 아주 어린 아이가 먹기에 너무 좋은 메뉴랍니다.
된장으로 간을 해 밥 위에 얹어 내면 목 넘김이 좋아 술술 넘어가지요.

영양 노트

- 15~24개월은 밥 1/3공기(80~90g), 25~60개월은 1/2공기(120~130g) 정도가 적당해요.
- 아기용 김치나 피클, 샐러드 등을 곁들여 채소 섭취량을 늘려주세요.

1회분

순두부 … ⅓봉(110g)
밥 … ⅓~½공기(80~130g)
다진 소고기 … 1숟가락(30g)
다진 새송이버섯 … 2숟가락(16g)
송송 썬 실파 … 1숟가락(10g)
다진 마늘 … ⅓숟가락(4g)
된장 … ¼숟가락(8g)
물 … ½컵(90g)
참기름 … 약간

전분물
감자전분가루 … 1숟가락(15g)
물 … 3숟가락(15g)

1 소고기와 새송이버섯은 잘게 다지고, 실파는 송송 썰어요.

2 달군 프라이팬에 참기름을 약간 두르고 다진 마늘과 실파를 넣어 약불에서 1분 정도 볶아요.

3 여기에 다진 소고기를 넣고 소고기에 갈색빛이 돌 때까지 볶아요.

4 소고기가 익으면 새송이버섯, 된장을 넣고 약불에서 30초간 볶아요.

5 물을 넣고 끓기 시작하면 순두부를 넣어 숟가락으로 대충 뚝뚝 잘라줘요.

전분물을 풀면 순두부가 더 으깨지니 너무 많이 으깨지 않아도 돼요. 순두부 대신 일반 두부나 연두부를 넣으면 마파두부로 즐길 수 있어요.

6 중불에서 1분간 끓인 뒤 **전분물** 1~2숟가락을 넣어 농도를 맞추고 밥 위에 얹어요.

너무 많이 휘젓지 않도록 주의해요.

아빠 & 엄마도 먹어요!
5번 과정에서 고춧가루 ½숟가락을 추가하면 매콤한 마파순두부가 됩니다.

아이가 아픈 날, 초스피드 죽 한 그릇

압력밥솥 찹쌀닭죽

일반적으로 죽을 끓이려고 하면 계속 서서 저어줘야 하는 수고스러움이 있는데
압력밥솥 하나면 계속 서서 젓지 않아도 빠른 시간에 깊은 맛이 나는 죽을 만들 수가 있어요.
우리 아이가 아픈 날, 후다닥 만들어주세요.

영양 노트

- 아이가 밥 먹기 싫어할 때 영양죽으로 닭죽을 만들어보세요. 후루룩 잘 먹을 수 있고 소화도 잘 된답니다.

2회분

닭가슴살 … 1덩어리(75g)
불린 찹쌀 … 1½컵(210g)
다진 당근 … 3숟가락(30g)
다진 애호박 … 3숟가락(30g)
참기름 … 1숟가락(8g)
닭육수(또는 멸치다시육수) … 4컵(720g)

닭 삶는 물

물 … 3컵(540g)
대파 … 1⅓개(100g)
양파 … ¼개(60g)

1 냄비에 찬물 3컵과 닭가슴살, 파, 양파를 넣은 뒤 15~20분 정도 삶다가 닭가슴살만 건져내 잠시 식혀요.

2 닭가슴살은 결대로 잘게 찢고, 당근과 애호박은 잘게 다져요.

3 압력밥솥에 참기름을 두르고 불린 찹쌀, 당근, 애호박을 넣어 1분간 볶아줘요.

찹쌀은 깨끗이 씻어서 찬물에 최소 30분 이상 담가 불려둔 것을 사용해요.

4 여기에 육수를 붓고 닭가슴살을 넣은 뒤 뚜껑을 덮어요.

준비된 육수가 없다면 닭가슴살 끓인 물을 버리지 말고 면보에 한 번 걸러 사용해요.

5 추 돌아가는 소리가 나기 시작하면 중약불로 줄여서 5분간 끓인 뒤 불을 꺼요. 10분간 뜸들인 뒤 뚜껑을 열고 잘 섞어줘요.

촉촉하고 부드러운 돈가스 덮밥

가츠동

바삭바삭한 돈가스는 인기 만점 메뉴 중 하나인데요.
부드러운 계란물을 적셔 촉촉하게 만들어 밥 위에 얹어서 아이들도 쉽게 먹을 수 있도록 했어요.
돈가스 만드는 방법도 생각보다 간단해서 한 번에 많이 만들어 냉동실에 보관해두면 마음이 든든해져요.

영양 노트

- 돈가스는 열량이 높은 메뉴로 체중 조절이 필요한 아이들에게는 양 조절이 필요합니다. 대신에 채소 샐러드를 곁들여 양을 맞추어보세요.

1회분

돈가스 … 1장(150g)
밥 … ¼공기(70g)
양파 … ¼개(60g)
표고버섯 … 1개(20g)
송송 썬 실파 … 1숟가락(10g)
계란 … 1개(60g)
식용유 … 넉넉히

덮밥소스

물 … ⅔컵(120g)
진간장 … ½숟가락(3g)
올리고당 … ½숟가락(5g)

1 양파, 표고버섯은 얇게 채썰기하고, 실파는 송송 썰어요.

갓 이유식을 뗀 아이라면 각 재료들을 좀 더 잘게 잘라주세요.

2 냄비에 식용유를 넉넉히 붓고 180도가 될 때까지 예열해줘요. 돈가스를 넣고 중불에서 앞뒤로 뒤집어가며 2~4분간 노릇하게 튀겨내요.

기름에 나무젓가락을 넣었을 때 기포가 보글보글 올라오면 튀기기 적당한 온도예요.

3 달군 프라이팬에 식용유를 살짝 두르고 양파와 표고버섯을 넣어 중불에서 30초간 볶아요. 여기에 **덮밥소스**를 붓고 끓어오르면 약불에서 30초간 더 끓여요.

4 튀긴 돈가스를 먹기 좋게 잘라 반만 넣고 소스가 스며들도록 중불에서 1분간 더 끓여요.

5 계란을 풀어 넣고 실파를 넣은 뒤 뚜껑을 덮어요. 중불에서 30초 정도 익힌 뒤 불을 끄고 밥 위에 얹어요.

계란이 익을 때까지만 끓여주세요.

밍구's TIP! 돈가스 만들기

돼지고기 등심(돈가스용) … 4덩어리(약 300g), 소금 … 약간
빵가루 … 1컵, 식빵 … 2장, 계란 … 2개, 밀가루 … ½컵

1 돼지고기 등심은 칼등으로 두드려준 뒤 소금을 약간만 뿌려요.
2 식빵 2장은 작게 잘라서 믹서에 넣고 갈아요.
식빵으로 빵가루를 만들면 일반 빵가루보다 수분이 많아 튀겼을 때 잘 타지 않아요.
3 식빵가루와 일반 빵가루를 섞어요.
4 돼지고기에 밀가루를 골고루 묻혀요.
5 돼지고기에 계란옷을 골고루 입혀요.
6 3의 빵가루를 앞뒤로 꾹꾹 눌러가며 입혀줘요.
7 완성된 돈가스는 냉동실에 보관한 뒤 필요할 때마다 하나씩 꺼내서 튀겨요.

알록달록 예쁜 밥 한 그릇

소보로덮밥

고슬고슬하게 고기, 채소를 따로 볶아 밥 위에 줄줄이 얹어 색동옷을 입혀보세요.
보기에도 좋고 다양한 재료가 주는 다채로운 식감에 씹는 맛, 먹는 맛을 동시에 느낄 수 있어요.

영양 노트

- 부재료의 양이 넉넉한 편으로 15~24개월은 밥 1/4공기(70g), 25~60개월은 1/3공기(90g) 정도가 적당해요.
- 여러가지 채소와 더불어 영양소를 균형 있게 섭취할 수 있는 메뉴로 추천합니다.

1회분

다진 돼지고기 … 1숟가락(30g)
다진 양파 … 2숟가락(20g)
다진 파프리카 … 2½숟가락(45g)
다진 오이 … 2½숟가락(45g)
계란 … 1개(60g)
밥 … ¼~⅓공기(70~90g)
진간장 … ⅓숟가락
올리고당 … ½숟가락(5g)
참기름 … ½숟가락(4g)
식용유 … 약간
소금 … 약간

1 오이는 씨를 제거한 뒤 다지고, 양파, 파프리카도 잘게 다져요.

2 달군 프라이팬에 참기름을 두르고, 양파와 다진 돼지고기를 넣어 중불에서 약 1분간 볶아요.

밍구's TIP! 소보로덮밥 소스 만들기

조금 심심한 것 같다 싶으면 소스를 곁들여도 됩니다. 간장, 물, 올리고당의 비율을 각각 1 : 2 : ½로 섞은 뒤 프라이팬에 부어 한 번 부르르 끓여내면 끝! 위에 사용한 재료 대신 냉장고에 있는 다른 채소나 육류를 사용해도 괜찮아요. 다양한 재료로 응용해보세요.

3 여기에 간장, 올리고당을 넣고 잘 섞어줘요.

4 달군 프라이팬에 식용유를 약간 두르고 강불에서 다진 오이를 넣어 30초간 볶아요.

5 다진 파프리카도 같은 방법으로 따로 볶아요.

6 달군 프라이팬에 식용유를 두르고, 풀어서 소금으로 간해둔 계란물을 부어 스크램블 에그를 만들어요.

7 그릇에 밥을 고슬고슬하게 담은 뒤 참기름을 살짝 두르고, 익힌 재료들을 나란히 올려줘요.

먹을 때는 골고루 비벼 먹어요. 동글동글 뭉쳐주면 주먹밥으로도 즐길 수 있어요.

입안에서 톡톡 터지는 과즙이 새콤달콤

파인애플볶음밥

파인애플이 들어간 볶음밥? 뭔가 어색할 것만 같았는데 막상 먹어보니 색다른 상큼함에 중독이 되어버렸어요. 볶음밥 특유의 느끼한 맛은 사라지고 입안에서 톡톡 터지면서 과즙이 흘러나와 입맛을 돋아줘요. 과일 좋아하는 우리 도도형제 입맛을 사로잡은 스페셜한 엄마표 볶음밥이에요.

영양 노트

- 부재료의 양이 넉넉한 편으로 15~24개월은 밥 1/4공기(70g), 25~60개월은 1/3공기(90g) 정도가 적당해요.
- 여러가지 채소, 과일과 더불어 영양소를 균형 있게 섭취할 수 있는 메뉴로 추천합니다.

1회분

다진 파인애플 … 4숟가락(80g)
다진 닭가슴살 … 2숟가락(30g)
다진 파프리카 … 1숟가락(15g)
다진 부추 … 1숟가락(8g)
다진 양파 … 2숟가락(20g)
다진 당근 … 1숟가락(10g)
밥 … ¼~⅓공기(70~90g)
식용유 … 약간

1 손질한 파인애플은 먹기 좋은 크기로 썰고, 닭가슴살과 파프리카, 부추, 양파, 당근도 각각 다져요.

2 달군 프라이팬에 식용유를 약간 두르고 양파와 당근, 닭가슴살을 넣어 중불에서 30초간 볶아요.

향 내는 재료 또는 단단한 재료부터 넣어 볶는 게 좋아요.

3 여기에 밥을 넣고 주걱을 세워 재료들을 골고루 펼쳐줘요.

4 밥이 고슬고슬하게 펴졌으면 파인애플, 부추, 파프리카를 넣고 중불에서 30초~1분간 볶아줘요.

파인애플에서 단맛과 상큼한 맛이 흘러나오기 때문에 따로 소금간을 하지 않았지만 필요하다면 약간 넣어도 괜찮아요.

밍구's TIP! **파인애플 손질법**

1 파인애플은 세로로 길게 4등분해줘요.
2 칼로 껍질과 과육 부분을 분리시켜줘요.
3 가운데 딱딱한 심을 잘라낸 뒤 원하는 크기로 잘라 요리에 사용해요.

파인애플볶음밥 완성 사진처럼 파인애플을 그릇으로 사용할 경우, 위의 방법 대신 안의 과육을 파낸 뒤 사용하시면 됩니다. 가장자리에 칼집을 깊게 내준 뒤 숟가락으로 파내면 쉽게 구멍을 팔 수 있어요.

키가 쑥쑥 자라나는 우리 아이 칼슘 식단

소고기콩나물밥

볶음밥도 좋지만 덮밥처럼 좋아하는 반찬이나 요리를 밥 위에 얹어 비벼 먹는 것도 정말 맛있어요.
이번엔 콩나물을 따로 삶아 볶은 소고기와 골고루 섞은 뒤 밥 위에 듬뿍 올려봤어요.
영양 만점! 맛과 식감도 끝내줘요!

영양 노트

- 15~24개월은 밥 1/4공기(70g), 25~60개월은 1/3공기(90g) 정도가 적당해요.
- 소고기의 양은 15~24개월은 2숟가락, 25~60개월은 3숟가락 정도로 조절해주세요.
- 양념간장에 달래나 김, 통깨 등을 넣으면 맛과 영양을 더 높일 수 있어요.

1회분

다진 소고기 … 2~3숟가락(60~90g)
콩나물 … 1½줌(115g)
밥 … ¼~⅓공기(70~90g)
깨 … 약간
참기름 … 약간

소고기양념

진간장 … ⅓숟가락
올리고당 … ⅓숟가락(4g)
다진 파 … ⅓숟가락(4g)

양념간장

진간장 … 1숟가락(7g)
물 … 2숟가락(10g)
다진 부추 … 1½숟가락(10g)
들기름 … ½숟가락(4g)

1 다진 소고기에 **소고기양념**을 넣고 조물조물 섞어서 5~10분 정도 재워요.

2 끓는 물에 깨끗이 씻은 콩나물(p.25 참고)을 넣고 강불에서 뚜껑을 연 채 3분 정도 삶아 익혀요.

콩나물을 삶을 때는 뚜껑을 처음부터 열거나, 처음부터 닫고 익혀야 비린내가 나지 않아요.

3 익힌 콩나물은 찬물에 헹궈낸 뒤 물기를 빼고, 먹기 좋은 크기로 잘라줘요.

갓 이유식을 뗀 아이라면 아주 잘게 잘라주세요.

4 달군 프라이팬에 참기름을 약간 두르고 소고기**(1)**를 넣어 약불에서 달달 볶아 익혀줘요.

5 볼에 삶은 콩나물**(3)**과 소고기, 깨를 약간 넣어 골고루 섞어요.

6 밥 위에 **5**를 얹고 양념간장을 곁들여줘요.

아빠 & 엄마도 먹어요!

양념간장을 만들 때 고춧가루 ½숟가락, 청양고추 1개를 송송 다져 넣어준 뒤 소고기콩나물밥 위에 얹어 매콤하게 비벼드세요.

주말요리 끝판왕! 카레 밥

단호박카레밥

카레는 남녀노소 누구나 좋아하는 메뉴 중 하나인데요. 주말이면 자주 만들어 먹는 우리 집 별미이기도 합니다.
카레 끓이는 냄새가 솔솔 풍기면 아이들도 '밥 주세요~' 노래를 한답니다.
어린 아이들에게는 자칫 자극적일 수도 있는 카레이기에 단호박을 으깨 넣어 순하게 중화시켰어요.

영양 노트

- 15~24개월은 밥 1/4공기(70g), 25~60개월은 1/3공기(90g) 정도가 적당해요.
- 천연의 단맛을 자랑하는 단호박은 무기질과 섬유질, 비타민이 풍부해요.
- 아이들의 선호에 따라 채소 크기를 조절하세요.

2회분

소고기 … ½줌(75g)
단호박 … ⅙개(100g)
당근 … ¼개(60g)
양파 … ¼개(60g)
브로콜리 … 3조각(30g)
감자 … ⅔개(100g)
물 … 3컵(540g)
식용유 … 약간

카레가루 풀기

카레가루 … 1½숟가락(22g)
물 … 3숟가락(15g)

1 소고기는 네모지게 한입 크기로 썰고, 브로콜리도 한입 크기로 잘라요. 당근, 감자, 양파도 비슷한 크기로 깍둑썰기해요.

2 단호박은 길게 4등분한 뒤 ¼은 껍질을 벗기지 않은 채 깍둑썰기하고, 나머지는 껍질을 벗겨줘요.

단호박 대신 고구마를 사용해도 좋아요.

3 껍질을 벗긴 단호박은 전자레인지에 1분 30초간 익힌 뒤 으깨둬요.

단호박을 으깨 넣으면 국물의 농도가 걸쭉해져서 카레가루를 많이 넣지 않아도 돼요. 카레를 짜지 않고 담백하게 만들 수 있어요.

4 냄비에 식용유를 약간 두르고 소고기를 넣어 갈색빛이 돌 때까지 볶아줘요.

5 여기에 단호박을 제외한 나머지 채소를 모두 넣고 중불에서 가볍게 30초간 볶아줘요.

재료를 한 번 볶아주면 재료들이 쉽게 부서지지 않고 국물 맛이 더 깊어져요.

6 여기에 물을 넣고 끓으면 깍둑썰기한 단호박을 넣고, 중불에서 감자가 익을 때까지 약 10분 정도 익혀요.

7 재료가 익으면 불을 끄고 단호박 **(3)**과 미리 풀어놓은 카레가루를 넣어요.

갓 이유식을 뗀 아이라면 카레가루의 양을 줄여도 괜찮아요. 대신 농도가 너무 묽다면 전분가루와 물을 1 : 3 비율로 섞어 전분물을 만든 뒤 조금씩 넣어가며 농도를 조절해주면 됩니다.

8 약불에서 1~2분간 끓인 뒤 불을 꺼요.

밥 위에 카레를 붓고 취향에 따라 계란프라이를 곁들여주세요.

감기 예방에 탁월한 건강 밥

바지락버섯무밥

밥 지을 때부터 갖은 재료들을 넣어 함께 지어 먹는 한 그릇 밥이에요.
맛있게 만든 양념간장을 넣어 쓱쓱 비벼 먹으면 아이들도 거부감 없이 건강하게 잘 먹을 수 있답니다.
특히 감기 및 변비예방에 좋은 무가 듬뿍 들어있어요.

영양 노트

- 15~24개월은 3회분, 25~60개월은 2회분 분량이에요.
- 바지락은 단백질과 입맛을 돋우는 아연, 철분 등 무기질과 비타민이 풍부한 식품이에요. 2월부터 4월까지 제철이며 독성이 생길 수 있는 7~8월 여름철엔 피하세요.

2~3회분

불린 쌀 … 1컵(130g)
물 … 1컵(180g)
바지락살 … 1줌(120g)
채 썬 무 … ½컵(50g)
표고버섯 … 1개(20g) / 참기름 … 약간

양념간장

진간장 … 1숟가락(7g)
물 … 2숟가락(10g)
다진 부추 … 2숟가락(14g)
다진 실파 … 1숟가락(10g)
올리고당 … ⅓숟가락(3g)
깨 … 1숟가락(6g)
참기름 … ½숟가락(4g)

1 쌀은 잘 씻어서 물에 30분간 불린 뒤 체에 밭쳐 물기를 빼줘요.

2 바지락살은 흐르는 물에 살살 씻고, 무는 껍질을 벗긴 뒤 약간 두툼하게, 표고버섯은 얇게 채썰기해요.

갓 이유식을 뗀 아이라면 재료를 아주 잘게 썰어주세요.

3 달군 프라이팬에 참기름을 약간 두르고 바지락살을 넣어 강불에서 30초간 빠르게 볶아요.

나중에 한 번 더 익힐 예정이니 완전히 익히지 않아도 돼요. 볶으면서 나온 바지락 물은 버리지 말고 밥 지을 때 사용하세요.

4 냄비에 불린 쌀과 물을 붓고 뚜껑을 닫고 강불에서 끓여요. 3의 바지락 물도 함께 넣어요.

5 밥물이 끓기 시작하면 약불로 줄이고 1분 뒤 뚜껑을 열고 한 번 뒤적여줘요.

이때 밥물이 넘치지 않도록 조심하세요.

6 여기에 무와 표고버섯을 넣고 뚜껑을 닫아 제일 약한 불에서 10분간 익혀줘요.

7 여기에 볶은 바지락살을 넣은 뒤 재빨리 뚜껑을 닫아 불을 끈 뒤 10분간 뜸을 들이고 골고루 섞어요.

바지락살은 오래 익히면 질겨질 수 있기 때문에 꼭 마지막 뜸들이기 전에 넣어주세요.

8 다 익은 밥 위에 **양념간장**을 얹어줘요.

보기만 해도 따뜻해지는 영양식

고구마브로콜리수프

고구마와 브로콜리를 넣어 달콤하고 부드러운 수프를 만들어볼까요?
두 가지 재료는 각각 따로 수프로 많이 만들어 먹는 재료이지요.
따로 만들어 먹어도 맛있지만 두 가지를 한 번에 넣고 만든 수프는 최고의 궁합을 자랑해요.

영양 노트

- 15~24개월은 2회분, 25~60개월은 1회분으로 적당한 분량이에요.
- 우유와 다양한 색깔의 채소까지 곁들인 영양 만점 수프로 소화가 잘 안 될 때나, 아침 식사로 먹으면 딱인 메뉴입니다.

1~2회분

고구마(소) … 1개(160g)
양파 … ¼개(60g)
브로콜리 … 4조각(40g)
우유 … 1컵(180g)
베이컨 … 1장(20g)
소금 … 약간
식용유 … 약간

1 고구마는 통썰기해요. 양파는 얇게 채썰기하고, 브로콜리는 듬성듬성 썰어요.

2 브로콜리는 끓는 물에 2분간 데치고, 고구마는 전자레인지에서 1분 30초간 익힌 뒤 껍질을 제거하고 깍둑썰기해요.

밍구's TIP! ★고구마 대신 단호박이나 감자를 넣어도 괜찮아요.
★식빵이나 바게트를 살짝 구워서 수프에 폭 적시면 더욱 든든하게 먹을 수 있어요.

3 프라이팬에 잘게 썬 베이컨을 바싹 굽고 키친타월로 기름을 제거해요.

#베이컨은 끓는 물에 한번 데치거나 뜨거운 물에 5분 정도 담가 짠맛을 제거한 뒤 사용하면 좋아요.

4 달군 냄비에 식용유를 약간 두르고 양파를 넣어 중약불에서 3분간 볶아요.

5 여기에 브로콜리와 고구마, 우유를 넣고 강불에서 부르르 한 번 끓여요.

6 불을 끄고 믹서기에 넣어 곱게 갈아줘요.

믹서기에 뜨거운 음식을 넣고 갈 때에는 팍 튈 수 있으니 뚜껑이나 공기구멍을 살짝 열고 약한 세기로 갈아주세요.

7 냄비에 붓고 약불에서 3~5분간 은근하게 끓인 뒤 소금을 넣어요. 그릇에 담고 구운 베이컨을 잘게 썰어 올려요.

고구마가 달지 않다면 약간의 올리고당이나 꿀을 넣어도 좋아요.

아토피 예방에 으뜸!

흑임자죽

검은깨의 거뭇거뭇한 색이 아이들에게는 약간 어색하게 느껴질 수도 있어요.
하지만 일단 맛을 보면 그 고소한 맛에 빠져들고 말지요.
꿀이나 설탕을 약간 넣어주면 달달하면서 고소하니 아이들도 아주 좋아해요.

영양 노트

- 15~24개월은 2회분, 25~60개월은 1회분 분량이에요.
- 오메가-3 지방산 등 필수지방산과 지용성 비타민이 풍부한 영양죽입니다. 아픈 아이에게 체력 충전에 좋은 메뉴입니다. 채소 샐러드나 생과일 주스까지 곁들이면 영양 만점이지요.

1~2회분

검은깨 … $\frac{1}{3}$컵(20g)
불린 찹쌀 … $\frac{1}{2}$컵(70g)
물 … $2\frac{1}{2}$컵(450g)
꿀 … 1숟가락(10g)
소금 … 약간

1 찹쌀은 깨끗이 씻어서 물에 30분 이상 불린 뒤 체에 밭쳐 물기를 빼줘요.

2 믹서기에 불린 찹쌀과 물 $\frac{1}{2}$컵을 넣고 갈아요.

3 간 찹쌀은 고운 체에 걸러줘요.
숟가락으로 건더기를 눌러가며 걸러주세요.

4 식용유를 두르지 않은 프라이팬에 검은깨를 넣고 약불에서 3분 정도 볶아요.

5 믹서기에 볶은 검은깨와 물 $\frac{1}{2}$컵을 넣어 갈아요.

6 간 검은깨를 고운 체에 걸러줘요.
숟가락으로 건더기를 눌러가며 걸러주세요.

7 냄비에 **3**번과 **6**번을 섞어 넣고 물 $1\frac{1}{2}$컵을 부어 중불에서 주걱으로 잘 저어가며 끓여요.

8 끓기 시작하면 약불로 줄이고, 10~15분간 계속 저으며 더 끓여요. 꿀과 소금으로 간해요.
묽은 죽을 만들고 싶다면 물을 조금씩 추가해가며 끓여주세요. 고명으로 은행이나 잣을 올리면 모양도 예쁘고 식감을 살려줘요.

Protein
Vitamin
Carb

CHAPTER 04

밥투정 심한 날, 후루룩 소리까지 맛있는

한 그릇 면

아이들은 면 요리를 참 좋아하지요.
후루룩 면발이 입으로 들어오는 게 재미있고 신기한가 봐요.
특히 소면을 잘게 부숴 가지고 놀게 한다거나 익힌 면을 조물조물 가지고 놀게 하면
아이들 소근육 발달에도 매우 좋답니다.
맛과 재미를 모두 잡은 면 요리, 이제 엄마표로 건강하게 만들어봐요.

슈퍼푸드 토마토가 듬뿍!

비프토마토스파게티

어렸을 때 치즈가 주욱 늘어나는 스파게티를 먹으러 가는 날이면 막 신나했던 기억이 납니다.
달달한 방울토마토로 건강한 엄마표 토마토소스를 만들어 사용했어요.

영양 노트

- 스파게티면은 15~24개월은 40g, 25~60개월은 60g 정도가 적당해요.
- 토마토의 주요 영양성분인 리코펜은 기름을 넣고 열을 가해서 요리해야 흡수가 잘 된답니다.

1회분

스파게티면 … ½줌(40~60g)
방울토마토 … 15개(230g)
다진 소고기 … 1숟가락(30g)
양송이버섯 … 2개(40g)
양파 … ⅙개(40g)
다진 마늘 … 약간
진간장 … ½숟가락(3g)
올리고당 … 1숟가락(10g)
식용유 … 약간

1 방울토마토에 십자모양으로 칼집을 낸 뒤 끓는 물에 데치고 껍질을 벗겨 손으로 으깨주세요.

토마토의 식감이 싫다면 손으로 으깨는 대신 믹서기에 곱게 갈아 사용해주세요.

2 양파와 양송이버섯은 잘게 다져요.

3 토마토소스를 만드는 동안 면을 삶아요. 면은 반으로 부러트려 끓는 물에 넣고 중불에서 8분간 삶아줘요.

면은 소스에 넣고 한 번 더 끓여줄 거라서 완벽하게 익히지 않아도 괜찮아요.

4 달군 냄비에 식용유를 약간 두르고 다진 마늘과 다진 소고기를 넣어 볶다가 다진 채소(2)를 넣고 중불에서 1분간 볶아요.

5 여기에 으깬 토마토(1)를 넣고 중약불에서 3~5분간 뭉근하게 끓이다가 간장, 올리고당을 넣어요.

소스가 걸쭉해질 때까지 끓여주세요.

6 면을 넣고 강불에서 30초~1분간 소스가 잘 스며들도록 빠르게 휘저으며 볶아내요.

조리가 끝난 뒤 스파게티 위에 아기치즈를 올려줘도 좋아요

밍구's TIP!
★갓 이유식을 뗀 아이라면 조리가 끝난 면을 가위로 먹기 좋게 잘라주세요.
★바질가루나 바질 잎이 있다면 소스와 같이 넣고 끓여주세요. 향긋함이 더해지고 시판 토마토소스의 맛을 느낄 수 있어요.
★방울토마토 대신 완숙토마토(소) 2개로 대체해도 괜찮아요.

고소한 크림에 감칠맛이 가득!

오징어크림스파게티

크림스파게티, 이제 집에서도 간단하게 즐길 수 있어요.
우유만 있으면 뚝딱 해결되거든요.
고소하고 부드러운 크림파스타의 매력에 우리 아이들도 후루룩 후루룩~

영양 노트

- 스파게티면은 15~24개월은 40g, 25~60개월은 60g 정도가 적당해요.
- 오징어, 우유, 치즈 등 고단백 식품이 총동원된 고영양 스파게티로 채소 샐러드를 곁들이면 더욱 균형 잡힌 식사가 됩니다.

1회분

스파게티면 … ½줌(40~60g)
오징어(몸통 부분) … ½마리(60g)
브로콜리 … 4조각(40g)
양파 … ¼개(60g)
양송이버섯 … 1개(20g)
우유 … ⅔컵(120g)
아기치즈 … 1장(20g)
다진 마늘 … 약간
식용유 … 약간

1 손질한 오징어(p.27 참고)는 껍질을 벗겨 얇게 채 썰어두고, 양송이버섯은 편썰기, 양파는 채썰기, 브로콜리는 작게 썰어요.

오징어 대신 새우나 조개를 사용해도 맛있답니다.

2 소스를 만드는 동안 면을 삶아요. 면은 반을 부러트려 끓는 물에 넣고 중불에서 8분간 삶아요.

면은 소스에 넣고 한 번 더 끓여줄 거라서 너무 오래 익히지 않아도 괜찮아요.

3 달군 프라이팬에 식용유를 약간 두르고 다진 마늘과 양파를 넣어 볶다가 오징어를 넣어 강불에서 30초간 볶아요.

4 여기에 브로콜리, 양송이버섯을 넣고 숨이 죽을 때까지 중불에서 볶아줘요.

5 우유, 아기치즈를 넣고 중불에서 3~5분간 더 끓여요.

6 삶은 스파게티면(2)을 넣고 강불에서 소스가 잘 스며들도록 휘리릭 볶아내요.

접시에 담으면 팬에 있을 때보다 소스의 양이 더 줄어요. 약간 덜 졸여졌다 싶을 정도로만 끓여주세요.

밍구's TIP!
★아기치즈를 넣었기 때문에 따로 간을 하지 않았어요.
★마지막에 약불에서 계란노른자를 넣고 빠르게 저어 익히면 고소한 까르보나라가 완성돼요.

싱그러운 개나리 색감이 굿!

단호박파스타

단호박에 우유를 같이 넣고 팔팔 끓여주면 아주 고소하고 달콤한 소스가 완성돼요.
단호박은 파스타랑 의외로 잘 어울리는 조합이기도 해요.
단호박을 싫어하는 아이들도 큰 거부감 없이 잘 먹을 수 있을 것 같아요.

영양 노트

- 푸실리면은 15~24개월은 40g, 25~60개월은 60g 정도가 적당해요.
- 각종 비타민과 칼륨, 철분, 인 등 영양이 뛰어난 단호박을 우유와 함께 갈면 단백질이 보충되어 그 자체로 균형 있는 식사가 된답니다.

1회분

푸실리 … 1컵(40~60g)
단호박 … ¼개(150g)
양송이버섯 … 1개(20g)
양파 … ⅙개(40g)
우유 … ⅔컵(120g)
올리고당 … ⅓숟가락(3g)
소금 … 약간
식용유 … 약간

1 단호박은 껍질을 벗긴 뒤 듬성듬성 썰고, 양송이버섯은 편썰기, 양파는 작게 채썰기해요.

2 단호박을 전자레인지에 1분 30초간 돌려 익혀준 뒤 우유와 함께 믹서기에 넣고 곱게 갈아 단호박 우유를 만들어요.

3 소스를 만드는 동안 면을 삶아요. 푸실리를 끓는 물에 넣고 8~10분간 삶아주세요.

면은 소스에 넣고 한 번 더 끓여줄 거라서 너무 오래 익히지 않아도 괜찮아요.

4 달군 프라이팬에 식용유를 약간 두르고, 양파와 양송이버섯을 넣어 중불에서 1분간 볶아요.

5 여기에 단호박 우유(2)를 넣고 중불에서 3분간 끓인 뒤 올리고당과 소금을 넣고 간을 맞춰줘요.

6 삶은 푸실리를 넣고 강불에서 휘리릭 볶아내요.

접시에 담으면 팬에 있을 때보다 소스의 양이 더 줄어들어요. 약간 덜 졸여졌다 싶을 정도로만 끓여주세요.

밍구's TIP! 푸실리는 파스타 면 중에서 짧은 트위스트 모양으로 생긴 숏파스타를 말해요. 면이 길지 않아서 아이들이 한입에 쏙쏙 먹기 좋아요. 푸실리 대신 원통모양의 펜네 또는 나비모양으로 된 파르펠레를 넣어서 만들어도 좋아요.

소박한 국수 한 그릇

잔치쌀국수

잘 우려낸 멸치육수에 소면 대신 쌀국수를 넣어 맛있는 잔치국수를 만들어봤어요.
소면보다 소화도 잘되고 깨끗 담백한 국물 맛에 속도 편안해져요.
국물까지 싹싹 맛있게 먹을 수 있는 간단한 면 요리랍니다.

영양 노트

- 쌀국수면은 15~24개월은 40g, 25~60개월은 50g 정도가 적당해요.
- 아기용 김치나 피클, 샐러드 등을 곁들여 채소 섭취량을 늘려주세요.

1회분

쌀국수면 … ½줌(40~50g)
채 썬 당근 … ½컵(35g)
채 썬 애호박 … ½컵(40g)
계란 … 1개(60g)
국간장 … ½숟가락(3g)
소금 … 약간
식용유 … 약간

육수

물 … 5컵(900g)
멸치 … 10마리(20g)
다시마(5x5cm) … 2장(10g)
무 … ⅒개(100g)

1 냄비에 **육수** 재료를 모두 넣고 끓기 시작하면 다시마를 건져낸 뒤 중불에서 10~15분간 끓여줘요. 건더기는 체에 거르고 육수만 따로 보관해둬요.

다시마는 오래 끓이면 국물이 끈적해지고 쓴맛이 날 수 있으니 10분 안에 건져주세요.

2 계란은 흰자와 노른자를 분리한 뒤 프라이팬에 올려 각각 지단을 부쳐내고 한 김 식혀 얇게 채 썰어요.

3 애호박은 소금을 살짝 뿌려 수분이 빠지도록 5~10분간 뒀다가 물에 한 번 헹구고 물기를 꽉 짜준 뒤 프라이팬에 살짝 볶아내요.

이 과정을 거치면 애호박이 흐물거리지 않고 식감이 좋아져요.

4 달군 프라이팬에 식용유를 두르고 당근을 살짝 볶아요.

5 쌀국수면은 반으로 잘라 끓는 물에 넣고 중불에서 5~6분간 익혀준 뒤 찬물에 헹궈서 물기를 꽉 짜서 그릇에 담아요.

6 1의 육수에 국간장을 넣어 섞은 뒤 삶은 쌀국수면에 부어주고 애호박, 당근, 계란지단을 고명으로 얹어내요.

아빠 & 엄마도 먹어요!

삶은 숙주 1줌에 고춧가루 ½숟가락, 다진 파 약간, 간장 ½숟가락을 넣어 무친 뒤 국수에 올려주면 매콤하고 아삭한 식감의 쌀국수가 돼요.

먹음직스러운 압도적 비주얼

크림카레우동

오동통 씹는 맛이 매력적인 우동 면으로 부드러운 맛이 일품인 크림카레우동을 만들었어요.
여기에 소고기를 넣어 맛과 영양까지 챙겼답니다.
남은 국물에 밥을 비벼 먹어도 아주 좋아요. 우리 도도형제도 아주 좋아하는 요리랍니다.

영양 노트

- 우동면은 15~24개월은 80g, 25~60개월은 120g 정도가 적당해요.
- 카레는 강황과 20여 가지의 다양한 재료를 넣어 만든 건강 식재료입니다. 여기에 우유와 소고기 등의 단백질 식품과 채소를 넣어 만들면 그야말로 영양 만점 메뉴가 됩니다.

1회분

우동면 … ½봉지(80~120g)
우유 … 1컵(180g)
카레가루 … 1숟가락(15g)
다진 소고기 … 1숟가락(30g)
다진 양파 … 2숟가락(20g)
다진 단호박 … 2숟가락(30g)
다진 브로콜리 … 2숟가락(20g)
참기름 … 약간
식용유 … 약간

1 끓는 물에 우동면을 살짝 데친 뒤 찬물에 헹구고 체에 밭쳐 물기를 빼줘요.

2 단호박은 껍질을 벗겨 다지고, 양파와 브로콜리도 잘게 다져요.

3 달군 프라이팬에 참기름을 약간 두르고 다진 소고기를 넣어 중불에서 30초간 볶아요.

4 달군 프라이팬에 식용유를 약간 두르고 다진 채소를 모두 넣어 중불에서 3분간 볶아요.

5 여기에 우유와 카레가루를 넣고 약간 걸쭉해질 때까지 중불에서 2분간 끓여요.

6 5에 우동면을 넣고 강불에서 30초~1분간 끓인 뒤 마지막에 볶은 소고기를 얹어내요.

소스는 약간 넉넉하게 끓이는 것이 좋아요.

밍구's TIP!

★카레가루 자체에 약간 간이 되어 있으므로 따로 간을 하지 않아요.
★우동면 대신 파스타면을 넣어 만들어도 좋아요.

아이랑 함께 만든 손칼국수

바지락손칼국수

집에서 만든 쫄깃한 수제 면으로 추운 날 따뜻하게 먹기 참 좋은 칼국수를 끓여볼까요?
칼국수면은 시중에 판매되는 것으로 대체해도 괜찮아요. 아이들과 함께 칼국수면을 조물조물 반죽해서
만들어 먹으면 조금 수고스럽긴 해도 정성이 담긴 만큼 더 맛있게 먹을 수 있답니다.

영양 노트

- 생칼국수면은 15~36개월은 70g, 37~60개월은 100g 정도가 적당해요.
- 바지락은 양질의 단백질과 비타민B, 칼슘, 철분 등이 풍부해요.

1회분

생칼국수면 … 1줌(70~100g)
바지락 … 1컵(160g)
양파 … ¼개(60g)
부추 … ½줌(15g)
국간장 … ⅓숟가락
멸치다시육수 … 4½컵(810g)

1 칼국수면을 만들어요. 양파는 채썰기하고, 부추는 송송 썰어요.

칼국수면 만들기가 번거롭다면 시판용을 사용해도 상관없어요.

2 냄비에 육수를 붓고 손질한 바지락(p.26 참고)을 넣은 뒤 조개가 입을 벌릴 때까지 강불에서 팔팔 끓여줘요.

끓는 중간 올라오는 거품은 걷어내야 맑고 담백한 육수를 만들 수 있답니다.

3 바지락은 체에 밭쳐 건져내고, 육수는 면보나 고운 체에 한 번 걸러줘요. 육수는 따로 한 번 더 끓여줘요.

4 칼국수면은 끓는 물에 데치듯 한 번 담갔다 빼준 뒤 끓는 바지락육수(3)에 퐁당 넣어줘요.

면을 끓는 물에 살짝 데치면 겉에 묻은 덧가루가 제거되어 맑은 칼국수를 끓일 수 있어요.

5 강불에서 팔팔 끓으면 중불로 줄여 7분간 더 끓이다가 양파와 부추를 넣고, 국간장으로 간한 뒤 1분간 더 끓여요.

바지락과 육수에 이미 약간의 간이 되어 있으므로 국간장 양은 취향에 맞게 조절해주세요.

아빠 & 엄마도 먹어요!

칼국수면을 만들 때 숙성된 반죽을 반으로 나눠 반은 면을 만들고, 나머지는 손으로 뜯어 수제비를 만들어요. 마지막에 청양고추 1개 송송 썰어 추가해주면 매콤한 칼제비가 됩니다.

밍구's TIP! 칼국수면 만들기

밀가루(중력분) … 1컵, 물 … ⅓컵
소금 … 약간, 식용유 … 약간

1 볼에 칼국수 반죽 재료를 모두 넣어 조물조물 반죽한 뒤 비닐봉투에 넣고 실온에서 1시간 동안 숙성시켜줘요.
2 밀가루를 뿌린 도마 위에 숙성된 반죽을 올리고 밀대로 얇게 밀어줘요. 미는 도중 밀가루를 솔솔 뿌려야 밀대에 반죽이 들러붙지 않아요.
3 얇게 편 반죽 윗면에 밀가루를 솔솔 뿌리고 4~5번 정도 접어 일정한 간격으로 썬 뒤 살살 털어가며 잘 풀어줘요.
면 간격을 좁게 썰어야 아이가 먹기 편해요.

고소한 콩국물에 탱탱한 소면이 퐁당!

콩국수

저지방 고단백질 식품인 콩으로 만든 고소한 맛의 콩국수는
아이들의 영양가 높은 한 끼 식사로 최고랍니다.
평소 콩을 싫어하는 아이라면 곱게 갈아서 국수로 만들어주는 것도 좋은 방법이에요.

영양 노트

- 콩국수에 채소 고명을 듬뿍 올리면 더 건강한 한 끼를 만들 수 있어요. 여름철에는 고명으로 참외나 수박 등 아삭한 과일을 올려도 좋아요.

1회분

소면 … ½줌(50g)
불린 콩(백태) … ½컵(80g)
물 … 6컵(1080g)
볶은 깨 … ½숟가락(3g)
소금 … 약간

고명

방울토마토 … 1개(10g)
채 썬 오이 … ¼컵(30g)
상추 … 약간

1 콩은 찬물에 여러 번 씻어낸 뒤 깨끗한 물(6컵 이상)에 최소 5시간 이상 담가 불려요.

콩 불린 물은 육수로 사용하면 좋아요. 불리기 전에 콩을 충분히 씻어주고 불릴 물은 넉넉하게 담아주세요.

2 냄비에 불린 콩 ⅔컵, 콩 불린 물 6컵을 넣고 강불에서 끓여요. 팔팔 끓어오르면 중약불로 줄이고, 콩이 충분히 익을 때까지 약 20분 정도 더 삶아요.

콩 불린 물이 부족하다면 물을 넣어주세요.

3 콩이 익을 동안 끓는 물에 소면을 3~4분간 삶고, 찬물에 박박 주물러 헹군 뒤 물기를 꽉 짜줘요.

4 믹서기에 다 익은 콩과 볶은 깨, 콩 끓인 물 2컵을 넣고 곱게 갈아요.

5 체에 한 번 걸러줘요.

6 콩국물에 소금을 넣어 섞고 삶은 소면에 부은 뒤 좋아하는 고명을 올려줘요.

고명으로 채 썬 오이나 삶은 계란을 올려줘도 좋아요.

밍구's TIP!

★콩은 너무 오래 익히면 메주 냄새가 나고, 제대로 안 익으면 비린내가 날 수 있으니 적당한 시간 동안 익히는 것이 중요해요.
★일반적으로 콩국수는 백태로 많이 만들긴 하나 검은콩으로 만들어도 괜찮아요.

동남아 분위기 물씬 풍기는

새우볶음쌀국수

태국 요리 중에 팟타이라는 음식이 있어요.
약간 매콤하면서도 맛있는 양념으로 중독성 있는 볶음 국수요리인데요.
아이들이 먹을 수 있도록 덜 매콤하게, 자극적이지 않게끔 만들어봤어요.

영양 노트

- 쌀국수면은 15~24개월은 30g, 25~60개월은 50g 정도가 적당해요.
- 새우와 계란의 단백질 식품에 다양한 채소를 넣어 영양을 골고루 섭취할 수 있는 영양 만점 메뉴입니다.

1회분

쌀국수면 … ½줌(30~50g)
다진 새우 … 3숟가락(60g)
계란 … 1개(60g)
채 썬 양배추 … ½컵(25g)
채 썬 당근 … ½컵(35g)
부추 … ½줌(15g)
숙주 … ½줌(40g)
참기름·식용유 … 약간씩

쌀국수 양념

다진 파 … ⅓숟가락(4g)
물 … 3숟가락(15g)
진간장 … ½숟가락(3g)
올리고당 … ½숟가락(5g)

1 쌀국수는 찬물 또는 미지근한 물에 담가 10~30분간 불려요.

2 새우는 곱게 다져요. 양배추와 당근은 얇게 채썰기하고, 부추와 숙주도 먹기 좋은 크기로 썰어줘요.

3 달군 프라이팬에 식용유를 두르고 계란물을 부어 스크램블 에그를 만들어요.

4 달군 프라이팬에 식용유를 약간 두르고 다진 새우를 넣어 약간 붉은빛이 돌 때까지 볶아요.

5 여기에 부추를 제외한 나머지 채소를 모두 넣고, 중불에서 1분간 볶아줘요.

6 채소의 숨이 죽으면 불린 쌀국수 **(1)**를 넣고, **쌀국수 양념**을 넣어 강불에서 30초~1분간 볶아요.

쌀국수가 다 익을 때까지만 볶으면 충분해요.

7 여기에 부추와 스크램블 에그**(3)**를 넣고 참기름을 몇 방울 떨어트려 섞은 뒤 불을 꺼요.

홈메이드 쯔유로 건강하고 맛있게!

아기 온모밀

일식집에서만 먹었던 냉모밀! 너무 차가워서 안 먹는 아이들도 잘 먹을 수 있도록 따듯한 온모밀을 만들었어요. 직접 만든 쯔유간장으로 국물을 내 깊은 맛이 인상적이에요. 쯔유간장은 만들어두면 덮밥, 우동, 면 요리 등 여러 가지 요리에 사용할 수 있어요.

영양 노트

- 메밀면은 15~24개월은 80g, 25~60개월은 120g 정도가 적당해요.
- 삶은 계란이나 소고기 편육을 곁들이고 오이채나 무즙을 올리면 더욱 영양 만점 메뉴가 됩니다. 메밀의 경우 우리나라 알레르기 식품 중에 하나이니, 처음 먹일 때 주의하세요.

1회분

메밀면 … ½줌(80~120g)
뜨거운 물 … 1½컵(270g)

쯔유간장

물 … 4컵(720g)
마른 표고버섯 … ½줌(15g)
멸치 … 7마리(15g)
양파 … ½개(120g)
다시마(5x5cm) … 2장(10g)
무 … ⅛개(120g)
가쓰오부시 … ½줌(3g)
진간장 … ½컵(90g)
설탕 … ⅓컵(30g)

고명

김 … 약간
갈은 무 … 약간(5g)
송송 썬 실파 … 약간(7g)

1 **쯔유간장**을 만들어요. 냄비에 가쓰오부시, 간장, 설탕을 제외한 모든 재료를 넣고 강불에서 끓어오르면 다시마를 건져낸 뒤 중약불에서 15~20분간 더 끓여줘요.

2 우린 재료들은 체에 걸러 건져요.

3 간장과 설탕을 넣고 설탕이 녹을 때까지만 끓이고 불을 꺼요.

4 여기에 가쓰오부시를 넣고 10초 뒤 바로 건져내요. 육수를 면보나 고운 체에 거르면 **쯔유간장**이 완성돼요.

가쓰오부시를 너무 오래 우리면 쓴맛이 날 수 있어요. 완성된 쯔유간장은 밀폐용기에 넣어 냉장 보관해서 사용하면 됩니다.

5 메밀면을 반으로 잘라 끓는 물에서 3분간 삶은 뒤 물에 한 번 헹궈내고 물기를 꼭 짜줘요.

6 **쯔유간장** ⅓컵에 뜨거운 물 1½컵을 넣어 희석시킨 뒤 삶은 메밀면에 붓고 좋아하는 **고명**을 얹어요.

개인 취향에 맞게 쯔유간장의 양을 조절하세요.

아빠 & 엄마도 먹어요!

메밀면 대신 우동면을 삶아서 넣으면 우동으로 드실 수 있어요.

아무리 먹어도 질리지 않아!

고구마짜장면

남녀노소 누구나 좋아하는 국민 메뉴 짜장면. 하지만 배달음식은 조미료가 많이 들어 있어
아이가 먹는 음식으로는 적합하지 않죠. 집에서도 간단하고 쉽게
아이 짜장면을 만들어줄 수 있답니다. 고구마를 넣어서 달콤하게요. 호로록 호로록
입가에 까만 소스 묻혀가며 맛있게 먹어주니 저까지 배가 불러오네요.

영양 노트

- 고구마가 넉넉히 들어가므로 우동면은 70~80g 정도가 적당해요.
- 고기와 계란, 다양한 채소류가 골고루 포함되어 맛과 영양 모두 만점 메뉴입니다.

1회분

우동면 … ⅓봉지(70~80g)
짜장가루 … 1숟가락(15g)
고구마 … ½개(80g)
다진 양배추 … ½컵(40g)
양파 … ⅙개(40g)
애호박 … ⅙개(40g)
닭안심 … 1조각(30g)
다진 마늘 … 약간
다진 파 … ½숟가락(6g)
식용유 … 약간
물 … 1½컵(270g)
전분물 … 2숟가락(30g)
삶은 계란 … ½개(30g)

밍구's TIP!

★전분물은 약불에서 재빨리 섞어야 뭉치지 않아요.
★입맛에 따라 싱겁거나 짜다고 느껴질 경우에는 짜장가루의 양을 조절해 간을 맞춰주세요.
★밥 위에 얹으면 짜장밥이 돼요.

1 닭안심은 곱게 다지고, 고구마는 아주 작게 깍둑썰기하고, 나머지 채소는 잘게 다져요.

2 달군 냄비에 식용유를 약간 두르고 다진 파와 마늘을 넣어 약불에서 살짝 볶아요.

3 여기에 고구마를 넣고 약불에서 타지 않도록 1분간 볶아줘요.

4 3에 다진 닭안심을 넣고 닭고기의 색이 하얗게 변할 때까지만 볶다가 나머지 채소를 넣고 중불에서 1분간 달달 볶아요.

5 4에 물을 붓고 고구마가 푹 익을 때까지 중약불에서 3~5분간 끓여요.

6 불을 끄고 짜장가루를 넣어 잘 풀어준 뒤 다시 약불에서 전분물을 부어 걸쭉하게 농도를 내주세요.

전분물은 감자전분가루와 물을 1 : 3 비율로 섞어 만들어요.

7 끓는 물에 우동면을 넣고 30초~1분간 끓이다 찬물에 헹궈 물기를 빼준 뒤 그릇에 담아요. 그 위에 짜장을 듬뿍 올리고 삶은 계란을 얹어요.

삶은 계란 대신 메추리알 1개를 올려도 좋아요.

동글동글 입안에서 굴리는 재미!

새우완자탕면

동글동글 새우를 뭉쳐놓은 완자를 국물에 퐁당 빠뜨렸어요.
여기에 부드러운 소면을 넣어 말아주면 순식간에 면 한 그릇이 완성돼요.

영양 노트

- 소면은 15~24개월은 60g, 25~60개월은 75g 정도가 적당해요.
- 고단백 식품인 새우는 칼슘, 철분도 풍부해 성장기 아이들의 뼈 건강에 좋으며, 타우린과 키토산 성분이 두뇌 발달에도 도움을 준답니다.

1회분

소면 … ½줌(60~75g)
애호박 … ⅛개(30g)
멸치다시육수 … 2컵(360g)
국간장 … ⅓숟가락

새우완자

다진 새우 … 2숟가락(40g)
감자전분 … ⅓숟가락(5g)
다진 양파 … 1숟가락(10g)
청주 … ⅓숟가락(3g)

1 새우(p.25 참고)는 손질해 곱게 다지고, 애호박과 양파는 채썰기해요.

2 **새우완자**를 만들어요. 모든 재료를 섞고 여러 번 치대 완자 반죽을 만들어요.

3 끓는 물에 소면을 넣고 중불에서 3~4분간 삶은 뒤 찬물에 여러 번 박박 씻어내 물기를 꽉 짜줘요.

물이 넘치려고 할 때마다 찬물을 조금씩 넣어주세요. 이 과정을 2~3번 반복하면 소면을 쫄깃하게 삶을 수 있어요.

4 육수가 끓어오르면 숟가락 2개로 새우완자 반죽을 떼 동그랗게 만들어 육수에 넣어줘요.

5 중불에서 1~2분간 끓여요.

6 애호박, 국간장을 넣고 1분간 더 끓이다가 불을 꺼요.

새우완자는 오래 익히면 퍽퍽해질 수 있으니 살짝만 익혀주세요.

7 삶은 소면에 새우완자탕을 끼얹어요.

Vitamin
Omega3
Carb

CHAPTER 05

소풍 가기 좋은 날,
아이 기분 업 시켜주는

엄마의 마법 도시락

소풍 날, 도시락이 빠질 수 없죠.
누구보다 근사하고 영양가 있는 도시락을 싸주고 싶은 게 엄마 마음인 거 같아요.
이번 파트에는 어디서든 인기 최고! 간단하면서도
맛있고 예쁘게 담을 수 있는 도시락 메뉴들을 열심히 실어봤어요.
참고하셔서 우리 아이에게 엄마의 사랑이 듬뿍 담긴 도시락을 안겨주세요.

밋밋한 주먹밥은 이제 그만!

치즈아란치니(밥 크로켓)

주먹밥이 너무 심심하고 지루하다 싶을 때 만드는 메뉴입니다.
주먹밥 안에 치즈를 넣고 바삭바삭한 튀김옷을 입혀준 뒤 살짝 튀겨내면 레스토랑에서 나올 법한 근사한 요리가 완성돼요. 새콤달콤 홈메이드 토마토소스에 푹 찍어서 맛있게 즐겨보세요.

영양 노트

- 양파나 당근 대신 브로콜리, 파프리카 등 다양한 자투리 채소를 활용해도 좋아요. 단, 물기가 없도록 잘 볶아주세요.
- 방울토마토, 키위 등 상큼한 과일을 곁들여보세요.

2회분

밥 … ⅔공기(180g)
다진 양파 … 2숟가락(20g)
다진 당근 … 2숟가락(20g)
참치(캔) … 1숟가락(40g)
스트링 치즈 … 1개(20g)
식용유 … 넉넉히

튀김옷

밀가루 … 2숟가락(30g)
계란 … 1개(60g)
빵가루 … 1컵(60g)

1 양파와 당근을 곱게 다져요.

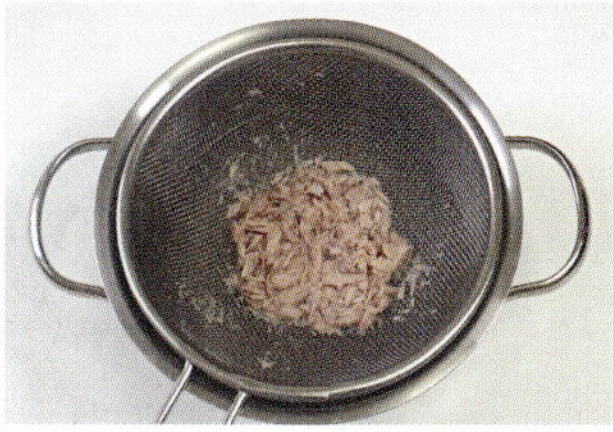

2 참치는 뜨거운 물에 헹궈 기름기와 불순물을 제거해줘요.

3 달군 프라이팬에 식용유를 약간만 두르고 다진 채소**(1)**를 넣어 약불에서 30초~1분간 볶아요.

4 밥에 익힌 채소와 참치를 넣고 섞어요.

5 스트링 치즈는 주먹밥 안에 들어갈 만큼 작은 크기로 송송 썰어요.

6 밥 안에 치즈를 쏙 넣어준 뒤 동그랗게 뭉쳐요.

7 밀가루, 계란물, 빵가루 순으로 튀김옷을 입혀요.

8 튀김 냄비에 식용유를 넉넉히 붓고 약 170도로 예열한 뒤 밥 크로켓을 넣고 튀겨줘요.

속의 내용물은 이미 다 익은 상태이니 겉만 바삭해질 정도로 노릇하게 튀겨내면 돼요. 토마토소스(p.27 참고)에 찍어 먹으면 더 맛있어요.

돈가스와 채소를 또띠아에 넣고 돌돌

또띠아말이밥

또띠아 안에 여러 가지 재료를 넣어서 말면 아주 든든한 간식이 되곤 하는데요.
이번에는 밥을 넣어서 한 끼 식사로도 즐길 수 있도록 만들어보았어요.
한입에 쏙쏙 들어가는 크기로 만들어 언제 어디서나 간편하게 먹을 수 있어요.

영양 노트

- 도시락으로 쌀 때는 바나나, 고구마 등을 먹기 좋게 썰어 곁들여주세요.
- 또띠아롤을 활용하면 아이들에게 다양한 채소를 거부감 없이 먹을 수 있어요.

1회분

또띠아 … 1장(40g)
돈가스 … ⅕장(30g)
밥 … 2숟가락(50g)
빨강 파프리카 … ⅛개(25g)
노랑 파프리카 … ⅛개(25g)
상추 … ½장(5g)
식용유 … 넉넉히

소스

머스타드 … ½숟가락(10g)
마요네즈 … ⅓숟가락(7g)
꿀 … ⅓숟가락(3g)

밍구's TIP! 또띠아 대신 김(⅔장)을 이용해서 말아주면 돈가스 김밥이 됩니다.

1 또띠아는 양쪽 가장자리 부분(약 2cm)을 제거하고 가운데 부분만 사용해요.

\# 또띠아가 너무 크면 말았을 때 가장자리 부분이 약간 질길 수 있어요.

2 달군 프라이팬에 식용유를 두르지 않은 채 또띠아를 올려 앞뒤로 각 30초간 살짝 구워줘요.

\# 오래 구우면 너무 바삭해져서 돌돌 말리지 않고 부서질 수 있어요.

3 냄비에 식용유를 넉넉히 붓고 예열한 뒤에 돈가스(p.149 참고)를 넣어 중불에서 앞뒤로 2~3분간 익혀요.

\# 기름 예열 정도는 나무젓가락을 넣었을 때 기포가 보글보글 올라오는 때가 적당해요.

4 돈가스는 얇게 썰어 2조각만 사용해요. 파프리카와 상추는 얇게 채 썰기해요.

\# 남은 돈가스는 도시락 양옆에 넣어주세요.

5 또띠아 위에 밥을 아주 얇게 깔아요. 그 위에 상추와 파프리카, 돈가스를 가지런히 올려요.

6 김밥 말듯 동그랗고 촘촘하게 잘 말아준 뒤 먹기 좋은 크기로 썰어줘요.

\# 랩이나 김발로 한 번 꼭 감싸주면 잘 풀리지 않아요.

7 **소스** 재료를 모두 섞어 찍어먹을 수 있도록 따로 곁들여요.

\# 또띠아 안에 발라주어도 되지만 시간이 오래 되면 축축해질 수도 있어요. 따로 곁들여서 싸주는 것이 더 맛있게 즐길 수 있는 방법이에요.

부드러운 식감의 최고봉

모닝빵 에그샌드위치

부드러우면서도 기분 좋은 포만감을 주는 에그샐러드를 모닝빵 안에 넣어
먹음직스러운 샌드위치를 만들었어요.
모닝빵 위에 홈을 파 샐러드를 듬뿍 넣으면 먹는 도중에 흘리는 일도 적어진답니다.

영양 노트

- 샌드위치는 15~24개월은 3회분, 25~60개월은 2회분 분량이에요.
- 오이에는 칼슘 흡수를 높여주는 비타민K가 풍부해 뼈 건강과 성장에 도움을 준답니다.

2~3회분

모닝빵 … 3개(80g)
계란 … 3개(180g)
마요네즈 … ½숟가락(10g)
소금 … 약간
식초 … 약간
설탕 … ⅓숟가락(3g)

오이절임

오이 … ⅓개(80g)
소금 … ⅓숟가락(3g)
식초 … ⅓숟가락(3g)

1 냄비에 계란이 잠길 만큼의 물을 붓고 계란, 소금, 식초를 넣어요. 중불에서 12~15분간 삶은 뒤 바로 찬물에 담갔다가 껍데기를 까줘요.

2 **오이절임**을 만들어요. 오이는 씨를 제거한 뒤 잘게 다지고 소금, 식초를 넣어 10~20분간 절여준 뒤 물에 한 번 헹구고 물기를 꼭 짜줘요.

3 계란은 흰자와 노른자를 분리하고 각각 잘게 다져줘요.

4 볼에 계란과 오이절임, 마요네즈, 설탕을 넣고 골고루 섞어 에그샐러드를 완성해요.

5 모닝빵은 윗부분을 살짝 썰어낸 뒤 손으로 꾹꾹 눌러가며 가운데 부분에 동그랗게 홈을 만들어줘요.

6 모닝빵 안에 에그샐러드를 넣어요.
남은 에그샐러드는 도시락을 쌀 때 같이 곁들여도 좋아요.

밍구's TIP! 에그샌드위치는 냉장고에 1~2시간 정도 넣어 차갑게 해서 먹으면 약간 단단해져서 먹기 편하고 더 맛있답니다.

골라 먹는 재미가 있다!

삼색 멸치주먹밥

알록달록 세 가지 재료를 넣어 삼색으로 만든 주먹밥에 멸치볶음을 넣어 고소함과 영양까지 챙겼어요. 같은 주먹밥도 골라 먹는 재미를 느낄 수 있어요. 주먹밥은 아이가 먹기에 약간 뻑뻑할 수 있으니 부드럽게 먹을 수 있도록 과일이나 물을 꼭 같이 챙겨주도록 해요.

영양 노트

- 주먹밥은 15~24개월은 3회분, 25~60개월은 2회분 분량이에요.
- 현미나 잡곡에는 칼슘 흡수를 방해하는 인 성분이 들어있어 멸치는 잡곡밥 대신 백미와 함께 먹는 것이 좋아요.

2~3회분

밥 … 1공기(230g)
계란 … 2개(120g)
다진 브로콜리(익힌 것) … 2숟가락(30g)
다진 파프리카(빨강) … 2숟가락(30g)
잔멸치 … ½컵(20g)
올리고당 … ⅔숟가락(6g)
소금 … 약간
식초 … 약간
참기름 … 2숟가락(16g)
식용유 … 넉넉히

1 냄비에 계란이 잠길 만큼의 물을 붓고 계란, 소금, 식초를 넣어요. 중불에서 12~15분간 삶은 뒤 바로 찬물에 담갔다가 껍데기를 까줘요.

2 계란은 노른자만 분리해줘요. 브로콜리는 익혀서 잘게 다지고 파프리카도 잘게 다져요.

다른 자투리 채소가 있다면 넣어도 좋지만 수분이 많으면 잘 뭉쳐지지 않고 쉽게 상할 수 있으니 물기가 적은 재료를 이용해요.

3 잔멸치는 마른 프라이팬에 한 번 볶았다가 체에 걸러 불순물을 제거해줘요.

4 달군 프라이팬에 식용유를 넉넉히 두르고 잔멸치를 넣어요. 중불에서 1분간 볶다가 불을 끄고 올리고당을 넣어 섞어요.

멸치에 약간의 간이 있으므로 간을 따로 하지 않아요. 취향에 따라 소금으로 간을 해요.

5 볶은 멸치는 칼로 잘게 다져요.

6 달군 프라이팬에 다진 파프리카를 넣어 살짝 볶아 수분기를 날려요.

7 3개의 볼에 따뜻한 밥과 멸치볶음, 참기름을 ⅓씩 나눠 넣은 뒤 각각 파프리카, 브로콜리, 계란노른자를 넣고 잘 섞어줘요.

계란노른자는 체에 한 번 거른 뒤 넣어주면 부드럽게 잘 섞여요.

8 한입 크기로 동그랗게 빚어 주먹밥을 만들어요.

곱게 싼 아욱보자기 속에 정성이 가득!

아욱쌈밥 · 묵은지말이밥

부드러운 식감의 아욱 안에 돼지고기가 듬뿍 섞인 쌈장을 넣어 보자기 싸듯
정성스레 돌돌 말아 쌈밥을 만들었어요. 또 살짝 삶은 묵은지로 밥을 감싼 묵은지말이밥을
곁들여 넣었더니 새콤한 맛이 입맛을 살려주네요. 어린이집 선생님께 드릴 도시락 메뉴로도 추천해요.

영양 노트

- 계란 같은 고단백 식품을 함께 먹으면 영양적으로 더 균형 잡힌 식단이 됩니다.
- 아욱은 칼슘 함량이 시금치의 거의 2배여서 성장기 아이들에게 좋은 음식이며, 식이섬유가 장 운동을 촉진해 변비 예방에도 탁월해요.

KIDS FOOD 1

아욱쌈밥

2회분

아욱 잎 … 5~6장(25~30g)
밥 … ½공기(120g)
소금 … 약간
아기쌈장 … 넉넉히(30g)

1 끓는 물에 소금을 넣고 손질한 아욱 잎(p.25 참고)을 넣어 30초~1분간 삶은 뒤 찬물에 헹궈 물기를 꼭 짜줘요.

물기를 짤 때 찢어지지 않도록 주의하세요.

2 아욱 잎을 한 장씩 펼치고, 그 위에 아기쌈장 ⅓숟가락을 올려요.

3 그 위에 밥 ½숟가락을 동그랗게 뭉쳐서 올려요.

4 아욱 잎으로 밥을 꽁꽁 감싸줘요. 나머지도 같은 방법으로 만들어요.

갓 이유식을 뗀 아이라면 아욱을 잘게 다져 아기쌈장과 같이 섞어준 뒤 동글동글 작게 뭉쳐서 주먹밥으로 만들어주세요.

밍구's TIP! **아기쌈장 만들기**

된장 … ⅓숟가락, 다진 돼지고기 … 1숟가락
으깬 두부 … ¼모, 다진 양파 … ⅙개
올리고당 … ⅓숟가락, 물 … 2숟가락
참기름 … 1숟가락

1 달군 프라이팬에 참기름을 두르고 양파와 돼지고기를 넣어 중불에서 1분간 볶아요.
2 여기에 으깬 두부와 된장, 물, 올리고당을 넣고 약불에서 3분간 잘 저어주며 볶아요.

KIDS FOOD 2

묵은지말이밥

2회분

묵은지 … 4~5장(50g)
밥 … ½공기(120g)
다진 부추 … ½숟가락(4g)
깨 … 약간
올리고당 … ⅓숟가락(3g)
들기름 … ⅓숟가락(3g)

1 묵은지는 양념을 씻어내고 찬물에 최소 1시간 이상 담가 염분기를 빼줘요.

2 끓는 물에 묵은지를 넣고 2~3분간 데쳐요.

너무 오래 데치면 배추가 무를 수 있어요.

3 데친 묵은지는 찬물에 헹궈 물기를 꼭 짜고, 올리고당과 들기름을 넣어 조물조물 무쳐요.

4 따뜻한 밥에 다진 부추와 깨를 넣고 섞어요.

5 묵은지를 펼치고 밥 1숟가락을 둥글게 뭉쳐서 줄기 부분에 올려요.

김치의 줄기 부분이 너무 두껍다면 칼로 포를 뜨듯 비스듬히 저며서 두꺼운 부분을 제거한 뒤 사용하세요.

6 ⅓ 정도 말아준 뒤 넓은 이파리 부분으로 양옆을 감싸며 끝까지 돌돌 말아요. 완성된 묵은지말이밥은 반으로 썰어내요.

고기와 계란말이 반찬이면 어깨가 으쓱!

찹스테이크 · 크랜베리계란말이

고소한 소고기에 알록달록 채소를 썰어 넣고, 달달한 소스를 입혀 밥 위에 얹어주면 든든한 덮밥이 되어요. 또 계란에 건크랜베리를 넣고 돌돌 말아주면 이색 도시락 반찬이 뚝딱! 김으로 재미있는 얼굴을 만들면 아이가 도시락 뚜껑을 열자마자 함박웃음을 짓게 될 거예요.

영양 노트

- 크랜베리에 함유된 프로안토시아닌은 혈관을 깨끗하게 해줘요. 건크랜베리는 열량이 높기 때문에 소량씩만 섭취하도록 해요.

KIDS FOOD 1

찹스테이크

2회분

자른 소고기(등심) … ⅔줌(100g)
브로콜리 … 3조각(30g)
미니 새송이버섯 … 4개(40g)
양파 … ⅛개(30g)
빨강 파프리카 … ⅛개(20g)
노랑 파프리카 … ⅛개(20g)
식용유 … 약간

스테이크소스

진간장 … ⅓숟가락
케첩(아이용) … ⅓숟가락(3g)
올리고당 … ½숟가락(5g)
물 … 4숟가락(20g)

1 소고기는 키친타월로 가볍게 핏기를 제거하고 네모지게 한입 크기로 썰어요. 브로콜리, 버섯, 양파, 파프리카도 비슷한 크기로 썰어요.

2 달군 프라이팬에 식용유를 약간 두르고 손질한 채소를 모두 넣어 강불에서 30초~1분간 볶아요.

3 달군 프라이팬에 식용유를 약간 두르고 소고기를 넣어 갈색빛이 돌 때까지 볶아요.

4 여기에 **스테이크소스**와 채소를 넣고 강불에서 끓여요.

5 끓기 시작하면 중약불로 줄이고 1~3분간 조려요.

KIDS FOOD 2

크랜베리 계란말이

2회분

계란 … 2개(120g)
건크랜베리 … ½줌(25g)
식용유 … 약간

1 계란은 풀어주고, 건크랜베리는 칼로 잘게 다져요.

크랜베리 입자가 너무 크면 완성된 계란말이를 썰 때 내용물이 밖으로 빠져나올 수 있어요.

2 달군 프라이팬에 식용유를 약간 두르고 키친타월로 살짝 닦아낸 뒤 계란물을 ⅓ 정도만 부어요.

큰 프라이팬을 사용하시면 한 번에 다 부어줘도 괜찮아요.

3 밑면이 살짝 익으면 약불에서 촘촘하게 말아 가장자리로 밀어둬요.

4 남은 계란물을 마저 부어서 함께 말아요.

나머지 계란물을 부을 때 미리 말아둔 계란말이를 살짝 들어 올려 밑으로 계란물이 흘러 들어가게 해주세요.

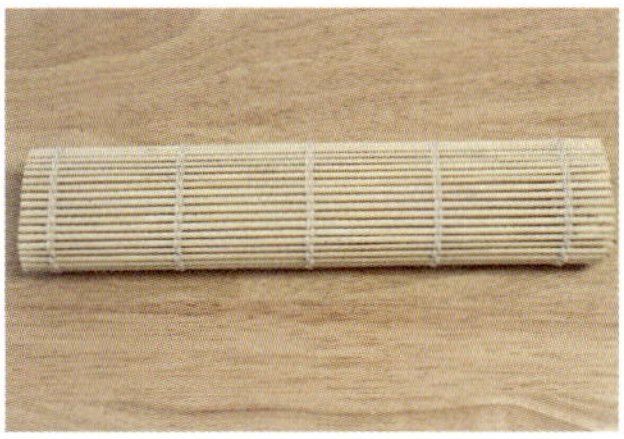

5 앞뒤로 돌려가며 완전히 익히고, 식기 전에 김발로 말아 모양을 잡은 뒤 한 김 식혀요.

6 식힌 계란말이는 어슷썰기해요.

재미있는 표정의 주먹밥

참치김치마요주먹밥

참치와 김치를 섞어 만든 소를 밥 안에 넣어 주먹밥을 만들고 김으로 귀여운 얼굴을 만들어 담았어요. 가끔 도준이와 닮은 모양의 주먹밥을 만들어주면 먹기 전에 "엄마, 이건 나야 나!"하는 모습이 너무 귀엽더라고요.

영양 노트

- 주먹밥은 15~24개월은 2회분, 25~60개월은 1회분 분량이에요.
- 아기용 피클이나 샐러드, 제철 과일 등을 곁들여주세요.

1~2회분

참치(캔) … 3숟가락(120g)
다진 김치 … 2숟가락(40g)
밥 … ½공기(120g)
마요네즈 … ⅔숟가락(14g)

1 참치는 기름기를 제거하고 뜨거운 물에 살짝 담갔다 빼준 뒤 체에 밭쳐 물기를 제거해요.

2 김치는 물에 양념을 씻어낸 뒤 찬물에 1시간 이상 담가 염분을 제거해요.

3 염분을 빼낸 김치를 건져 손으로 꼭 짜준 뒤 잘게 다져요.

4 참치와 김치, 마요네즈를 함께 섞어 참치소를 만들어요.

5 밥을 동그랗게 움켜쥔 뒤 밥 안에 참치소를 듬뿍 넣고 꽁꽁 뭉쳐요.

갓 이유식을 뗀 아이라면 한입 크기로 아주 작게 만들어 입에 쏙쏙 넣어주세요.

6 김밥용 김, 치즈, 햄으로 얼굴 모양을 만든 뒤 주먹밥 위에 붙여요.

추억의 맛을 아이와 함께 나눠요

옛날토스트

길거리 토스트를 만들어 먹을 때면 중학생이었던 때가 떠올라요.
아침 일찍 등굣길, 허름한 리어카에서 토스트를 팔고 계신 아저씨에게 종이컵에 담긴 토스트를 받아 한 입 베어 물었을 때 기분이 날아갈 것만 같았던 그 달콤하면서도 기름진 맛이 자꾸 생각나요.

영양 노트

- 토스트는 15~24개월은 2회분, 25~60개월은 1회분 분량이에요.
- 아기용 피클이나 샐러드, 제철 과일 등을 곁들여주세요.

1~2회분

식빵 … 2장(90g)
계란 … 1개(60g)
다진 당근 … ½숟가락(5g)
다진 양파 … 1숟가락(10g)
다진 양배추 … 2숟가락(20g)
다진 부추 … 1숟가락(7g)
딸기잼 … ½숟가락(15g)
아기치즈 … 1장
버터 … 약간
식용유 … 약간

1 당근, 양파, 양배추, 부추는 모두 잘게 다져요. 계란을 푼 물에 다진 재료들을 모두 넣어 섞어요.

2 식빵은 테두리를 자르고 부드러운 부분만 사용해요.

3 달군 프라이팬에 버터를 약간 녹이고, 식빵을 앞뒤로 뒤집어가며 살짝 노릇해질 정도로만 구워요.

4 달군 프라이팬에 식용유를 약간 두르고 **1**을 부어요. 겉이 단단하게 익으면 약불에서 앞뒤로 2~3분간 속까지 부드럽게 익혀줘요.

5 익힌 계란은 식빵 크기로 잘라요.

6 식빵 위에 딸기잼, 계란부침, 아기치즈, 식빵 순으로 올린 뒤 먹기 좋은 크기로 잘라요.

무거운 접시로 꾹 눌러주거나 랩으로 한 번 감싼 뒤 자르면 깨끗하게 자를 수 있어요.

아빠 & 엄마도 먹어요!

1 계란 1개를 풀어서 소금 약간, 채 썬 당근·양파 ½줌씩, 송송 썬 대파 1숟가락을 넣고 잘 섞어 프라이팬에 부쳐요.
2 채 썬 양배추 1 ½줌에 케첩·마요네즈 ½숟가락씩을 넣어 잘 섞어요.
3 식빵, 딸기잼, 계란부침, 양배추, 치즈 순으로 올린 뒤 먹기 좋은 크기로 잘라요.

도시락계의 대표주자!

새우유부초밥

도시락 하면 빠질 수 없는 메뉴가 바로 유부초밥이죠.
맛이 전혀 가미되지 않은 냉동 유부에 엄마표 조림장을 곁들여 건강하게 만들었어요.
짜지 않고 많이 달지 않아서 계속 집어 먹어도 부담 없이 깔끔해요.

영양 노트

- 두부를 튀겨서 만든 유부는 콩의 영양소가 담긴 영양식이지만 열량이 높은 편이에요. 한 번 데치면 열량을 줄이고 담백하게 요리할 수 있어요.
- 당근, 브로콜리 등의 채소를 다져서 넣으면 영양이 더 높아져요.

2회분

냉동 유부 … 10장(70g)
다진 새우 … ½줌(100g)
밥 … 1공기(230g)
검은깨 … ⅔숟가락(5g)
식용유 … 약간

유부조림장

다시마 우린 물 … 1컵(180g)
진간장 … 1숟가락(7g)
올리고당 … 1½숟가락(15g)

단촛물

식초 … 3숟가락(20g)
설탕 … 1숟가락(8g)
소금 … 1꼬집
레몬 슬라이스 … 1조각(20g)

1 유부는 뜨거운 물에 담가 5분간 끓여 불순물과 기름기를 제거한 뒤 찬물에 헹궈요. 손바닥 위에 여러 장 겹쳐 올린 뒤 꾹 눌러서 물기를 짜줘요.

2 냄비에 **유부조림장**을 붓고 강불에서 끓어오르면 약불로 줄인 뒤 유부를 넣어요.

3 국자로 꾹꾹 눌러가며 15~20분간 은근하게 조려요. 유부를 건져내 한 김 식힌 뒤 손바닥 위에 여러장 겹쳐 꾹 짜줘요.

4 냄비에 **단촛물** 재료를 넣고 설탕이 녹을 때까지 끓인 뒤 한 김 식혀요.

5 달군 프라이팬에 식용유를 두르고 다진 새우를 넣어 중불에서 1분간 익혀요.

6 뜨거운 밥에 단촛물**(4)**을 2숟가락 넣고, 익힌 새우와 검은깨를 넣어 골고루 섞어요.

밥알이 으깨지지 않도록 주걱을 세워서 섞어주세요.

7 조린 유부**(3)**를 반으로 자른 뒤 안에 밥을 채워요.

주먹밥 꽃이 피었습니다~

꽃주먹밥

도시락 메뉴로 주먹밥이 빠질 수가 없지요.
소시지와 메추리알로 예쁘게 모양을 내서 꽃처럼 생긴 주먹밥을 만들었어요.
아이들도 소시지가 꽃 모양처럼 생겼다고 신기해하며 쏙쏙 잘도 집어 먹는답니다.

영양 노트

- 15~24개월은 밥 1/3공기(80~90g), 25~60개월은 1/2공기(120~130g) 정도가 적당해요.
- 소시지를 구입할 땐 돼지고기 함량이 높은 소시지를 골라주세요.

1회분

밥 … ⅓~½공기(80~130g)
미니 소시지 … 3개(25g)
메추리알 … 3개(25g)
다진 부추 … ½숟가락(4g)
김가루 … 2숟가락(5g)
소금 … 약간
식초 … 약간
깨 … 약간
참기름 … ½숟가락(4g)

1 냄비에 메추리알이 잠길 만큼의 물을 붓고 메추리알, 소금, 식초를 넣어요. 중불에서 8분간 삶은 뒤 바로 찬물에 담갔다가 껍데기를 까줘요.

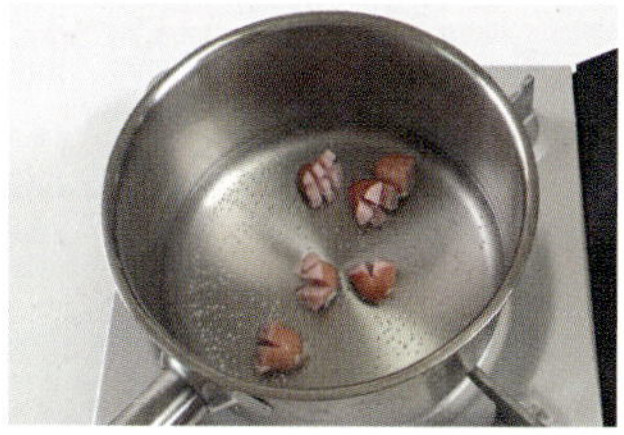

2 소시지는 반으로 자른 뒤 6등분 또는 원하는 모양으로 칼집을 내고, 끓는 물에 한 번 데쳐줘요.

밍구's TIP!

★갓 이유식을 뗀 아이에게는 메추리알 주먹밥이 조금 퍽퍽하게 느껴질 수 있으니 작게 만들거나 잘라주세요.
★도시락을 쌀 때 상추, 어린잎채소, 양상추 등의 채소를 활용해 빈 공간을 꾸며보세요. 약간의 수고만 더하면 더 먹음직스럽고 안정적인 모양새를 갖춘 도시락을 쌀 수 있답니다. 이때 채소의 물기는 꼭 제거하고 사용하세요.

3 갓 지은 밥에 다진 부추와 김가루, 깨, 참기름을 넣고 잘 섞어요.

4 섞은 밥은 한입 크기로 동그랗게 빚어요.

5 주먹밥 가운데 부분을 꾹 눌러 공간을 만들고, 그 안에 소시지 또는 반으로 자른 메추리알을 쏙 넣어요.

6 랩 안에 주먹밥을 넣고 꽉 쥐어가며 동그란 모양을 만들어요.

7 준비한 도시락 통에 상추를 깔고 예쁘게 넣어줘요.

먹기도 보기도 좋은 귀여운 꿀벌 도시락

소고기오므라이스·리코타치즈토마토샐러드

소고기를 넣은 오므라이스에 아이들이 좋아하는 꿀벌 모양으로 재미를 더하고
리코타치즈를 직접 만들어 토마토와 곁들여봤어요. 담백한 맛이 아주 아주 매력적인 치즈랍니다.

영양 노트

- 15~24개월은 밥 1/3공기(80~90g), 25~60개월은 1/2공기(120~130g) 정도가 적당해요.

KIDS FOOD 1

소고기 오므라이스

1회분

소고기 … ⅔숟가락(20g)
밥 … ⅓~½공기(80~130g)
계란 … 1½개(90g)
다진 파프리카 … 1숟가락(15g)
다진 당근 … 1숟가락(10g)
다진 새송이버섯 … 1숟가락(10g)
송송 썬 실파 … 1숟가락(10g)
소금 … 약간
식용유 … 약간

1 소고기와 파프리카, 당근, 버섯, 실파를 잘게 다져요. 계란은 소금을 넣고 풀어 체에 한 번 걸러 알끈을 제거해요.

2 달군 프라이팬에 식용유를 약간 두른 뒤 실파와 소고기를 넣고, 소고기에 갈색빛이 돌 때까지 볶아요.

3 여기에 나머지 채소를 넣고 중불에서 30초간 볶은 뒤 밥을 넣어 골고루 섞어요.

4 달군 프라이팬에 식용유를 약간 두른 뒤 약불로 줄이고 계란물을 부어요. 가운데에 볶음밥(3)을 타원형으로 올려요.

5 빈 접시에 그대로 뒤집어 옮겨 담고, 계란 가장자리를 밥 밑으로 밀어 넣어 모양을 정리해요.

아기케첩(p.21 참고)이나 시판 아이용 케첩을 곁들여 먹으면 맛있어요.

밍구's TIP! 꿀벌 만들기

1 김밥용 김을 길게 잘라 4줄을 차례대로 붙여 줄무늬를 만들고, 눈과 입 모양을 만들어 붙여요.
2 스파게티면을 뚝뚝 짧게 잘라준 뒤 식용유를 두르고 살짝 튀겨요.
3 스파게티로 더듬이를 만들고, 아이용 케첩을 이쑤시개에 묻혀 볼 부분에 살짝 찍어요.

KIDS FOOD 2

리코타치즈 토마토샐러드

2회분

방울토마토 … 5~7개(50g)

리코타치즈

우유 … 2컵(360g)

레몬즙 … 1숟가락(5g)

오리엔탈소스

올리브오일 … 1숟가락(10g)

진간장 … ⅓숟가락

레몬즙 … 1숟가락(5g)

설탕 … ⅓숟가락(3g)

1 리코타치즈를 만들어요. 넉넉한 크기의 냄비에 우유를 붓고 약불에서 타지 않도록 저어가며 끓여요.

우유가 끓어오르면 넘칠 수 있으니 넘치지 않도록 주의하세요.

2 끓인 우유에 레몬즙을 넣고 휘리릭 한 번만 저어요.

레몬 1개를 반으로 자른 뒤 짜주면 레몬즙을 만들 수 있어요. 이때 여러 번 젓게 되면 치즈 덩어리가 잘 생기지 않아요.

3 약불에서 10분 정도 가만히 두고 끓여요. 덩어리지면서 몽글몽글 치즈가 만들어져요.

4 면보에 부어준 뒤 꼭 짜줘요.

뜨거울 수 있으니 젓가락을 이용해 짜거나 면보를 실로 묶어 잠시 걸어두어도 좋아요.

5 방울토마토는 반으로 자른 뒤 **오리엔탈소스**를 넣고 섞어요. 여기에 리코타치즈를 툭툭 떼어 넣어요.

갓 이유식을 뗀 아이라면 토마토를 더 잘게 잘라주거나 껍질을 벗겨 넣어 주세요.

밍구's TIP!

★아이가 먹기 때문에 생크림, 소금, 설탕을 넣지 않은 치즈를 만들었어요.

★치즈의 유통기한은 냉장고에서 1~2일 정도이기 때문에 조금씩 만들어서 빨리 먹는 것이 좋아요.

데굴데굴 계란으로 감싸 한입에 쏙쏙!

가지계란부침밥 · 고구마샐러드

가지는 밥에 넣어 데굴데굴 계란으로 감싸주고,
크랜베리를 넣은 달콤한 고구마샐러드까지… 여러 가지 재료로 조화롭게 구성해봤어요.
알록달록 보는 눈도 즐겁고 맛 또한 끝내주는 도시락이랍니다.

영양 노트

- 15~24개월은 밥 1/3공기(80~90g), 25~60개월은 1/2공기(120~130g) 정도가 적당해요.

KIDS FOOD 1

가지계란 부침밥

1회분

가지 … ⅓개(50g)
계란 … 1개(60g)
밥 … ⅓~½공기(80~130g)
식용유 … 약간

주먹밥양념
진간장 … ⅓숟가락
참기름 … 약간

1 가지는 통썰기해요. 달군 프라이팬에 식용유를 두르지 않고 가지를 올려 약불에서 앞뒤로 노릇하게 2분간 구워요.

2 구운 가지는 잘게 다져 밥에 넣고, **주먹밥양념**과 함께 잘 섞어요.

구운 가지에서 물이 많이 나올 경우엔 가볍게 손으로 한 번 쥐어짠 뒤 사용해요.

3 타원형의 작은 주먹밥을 만들어요.

가지 대신 멸치, 고기 등 다른 재료를 넣어 주먹밥으로 만들어도 맛있어요.

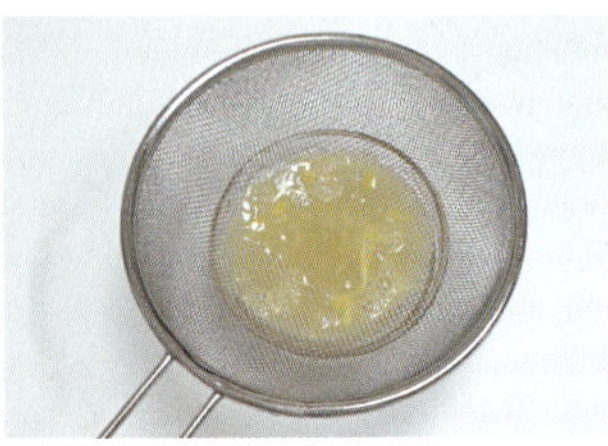

4 계란을 풀고 체에 한 번 걸러 알끈을 제거해요.

5 달군 프라이팬에 식용유를 약간 두르고 약불에서 계란물(4)을 2숟가락씩 올려요. 그 위에 주먹밥(3)을 올려요.

계란물은 주먹밥을 감쌀 수 있도록 길게 타원형으로 올려주세요.

6 불을 끈 뒤 주먹밥을 데굴데굴 말아줘요.

KIDS FOOD 2

고구마 샐러드

3회분

호박고구마(어른 주먹 크기) … 1개(250g)
건크랜베리 … 1줌(50g)
우유 … 2숟가락(10g)
마요네즈 … ⅓숟가락(7g)

1 고구마는 껍질을 까고 4등분한 뒤 삶아요. 젓가락으로 찔렀을 때 푹 들어갈 정도로 중불에서 약 7~10분간 고구마를 삶아줘요.

2 삶은 고구마의 ½은 으깨고, 나머지는 네모지게 썰어요.

반은 으깨고, 반은 네모지게 써는 이유는 식감을 살리기 위해서예요. 갓 이유식을 뗀 아이라면 전부 다 으깨주세요.

3 건크랜베리는 잘게 다져요.

4 고구마와 건크랜베리, 우유, 마요네즈를 넣고 섞어줘요.

고구마의 수분 상태에 따라 우유를 가감해서 넣도록 해요.

밍구's TIP!
★고구마가 다 익어갈 때쯤 냄비에 물이 많이 남아있다면 약 5숟가락만 남긴 뒤 버려주세요. 강불에서 남은 물기를 완전히 날려주면 고구마를 좀 더 포실하게 익힐 수 있어요.
★밤고구마를 사용할 경우 약간 퍽퍽할 수 있으니 우유의 양을 조금만 더 늘려주세요.

VitaminC
VitaminD
Calcium

CHAPTER 06

사 먹는 과자보다 더 맛있다!
안심하고 먹이는

우리 아이 한입 간식

우리 집 도도형제는 어린이집에서 간식을 든든히 먹고 집에 와서도 늘 먹을 것을 찾더라고요.
이럴 때면 간단하고 건강한 간식을 휘리릭 만들어주곤 해요.
아직 어린 아이들은 한 번에 먹을 수 있는 양이 적기 때문에
끼니 사이에 간식으로 영양을 보충해주세요.

엄마, 이건 구슬 같아!

궁중떡볶이

남녀노소 누구나 좋아하는 쫄깃한 떡볶이! 맵지 않게 간장으로 만들어
아이들도 부담 없이 먹을 수 있게 했어요. 조랭이떡으로 만들어 아이들이 한입에 쏙쏙 먹기도 편하고,
어른 입맛에도 충분히 맛있어 가족이 모여 함께 먹기에도 참 좋아요.

영양 노트

- 15~24개월은 떡 70g, 25~60개월은 130g까지 양을 늘려주세요.
- 아기용 피클이나 샐러드, 제철 과일 등을 곁들여주세요.

1회분

조랭이떡 … 1컵(70~130g)
다진 소고기 … 1숟가락(30g)
양파 … ⅙개(40g)
가지 … ⅕개(25g)
표고버섯 … ½개(10g)
다진 파 … ½숟가락(6g)
참기름 … 약간

떡볶이양념

진간장 … ½숟가락(3g)
올리고당 … ½숟가락(5g)
물 … 1컵(180g)

1 소고기는 다지고, 양파는 채썰기하고, 가지와 표고버섯은 떡과 비슷한 크기로 썰어요.

2 조랭이떡은 찬물에 씻어 끓는 물에 넣고 데치듯 살짝만 익혀요.

데친 떡을 바로 사용할 경우가 아니라면 참기름을 약간 넣고 골고루 묻혀 서로 달라붙는 것을 방지해요.

3 달군 프라이팬에 참기름을 약간 두르고 다진 파를 넣어 볶다가 다진 소고기를 넣어 갈색빛이 돌 때까지 익혀줘요.

4 여기에 가지, 표고버섯, 양파를 넣고 강불에서 30초간 볶아요.

5 여기에 조랭이떡과 **떡볶이양념**을 넣고 강불에서 끓어오르면 약불로 낮춰 3분간 더 끓여줘요.

아빠 & 엄마도 먹어요!

고춧가루 1숟가락, 고추장 약간을 넣고 파, 양파를 조금씩 추가해 끓이면 매콤하고 빨간 조랭이 떡볶이를 즐길 수 있어요.

매일 먹는 두부의 반전 매력

두부강정

고소한 두부에 튀김옷을 입혀 바삭하게 튀긴 뒤 새콤달콤한 소스를 만들어 곁들여보세요.
고기가 들어가지 않아도 정말 맛있답니다.
감자전분을 입혀 튀겨서 찹쌀 반죽처럼 쫀득한 식감이 매력적인 간식이에요.

영양 노트

- 단백질 함량이 높은 요리로 밥과 채소를 곁들여 반찬으로 먹어도 좋아요.

1회분

두부(부침용) … ½모(150g)
다진 파프리카(빨강) … 1숟가락(15g)
다진 파프리카(노랑) … 1숟가락(15g)
다진 양파 … 1숟가락(10g)
감자전분가루 … 3숟가락(45g)
식용유 … 넉넉히

강정소스

진간장 … ⅔숟가락(4g)
물 … 5숟가락(25g)
올리고당 … ⅔숟가락(7g)

1 두부는 키친타월로 감싸 물기를 제거하고 깍둑썰기해요.

2 파프리카와 양파는 잘게 다져요.

3 비닐봉투에 감자전분가루와 두부**(1)**를 넣고 흔들어 골고루 섞어요.

전분가루를 입히면 따로 전분물을 넣어 농도를 잡지 않아도 두부에 소스가 잘 스며든답니다.

4 프라이팬에 식용유를 넉넉히 두르고 예열한 뒤 두부를 넣고 뒤집어가며 겉이 노릇해질 때까지 튀겨줘요.

5 달군 프라이팬에 식용유를 살짝 두르고 파프리카와 양파를 넣어 볶다가 **강정소스**를 넣고 부르르 끓어오르면 불을 꺼줘요.

6 여기에 튀긴 두부**(4)**를 넣고 골고루 섞어요.

피자보다 맛있는 건강 전

치즈감자채전 · 초간단 토마토주스

쫀득한 감자전에 채 썬 감자를 넣어 씹는 식감까지 살려줬어요.
여기에 고소한 치즈를 곁들여 우리 아이에게 피자 못지않은 멋진 간식을 만들어주세요.
그리고 3분이면 완성되는 초간단 토마토주스를 곁들였어요.

영양 노트

- 토마토를 끓는 물에 살짝 데치고 올리브오일을 한 스푼 넣어 갈면 항산화 효과가 탁월한 리코펜의 체내 흡수율이 더 높아져요.

KIDS FOOD 1

치즈감자채전

1회분

감자(소) … 2개(200g)
감자전분가루 … 1숟가락(15g)
아기치즈 … 1장(20g)
식용유 … 넉넉히

1 감자 1개는 강판에 갈고, 1개는 최대한 얇게 채썰기해요.

감자채가 두꺼우면 잘 익지 않거나 엉겨붙지 않고 찢어질 수 있어요.

2 간 감자와 채 썬 감자를 잘 섞고 감자전분가루를 넣어 골고루 섞어요.

전분가루가 감자채와 반죽이 서로 잘 엉겨 붙을 수 있도록 만들어줍니다.

3 달군 프라이팬에 식용유를 넉넉히 두르고 감자반죽(2)을 올려 둥글고 얇게 펴줘요.

부침개나 전류는 식용유를 평소보다 약간 넉넉히 둘러줘야 노릇하고 맛있게 구울 수 있어요.

4 중불에서 노릇하게 앞뒤로 구운 뒤 아기치즈를 올려 스르르 녹여요.

치즈에 염분이 있기 때문에 따로 소금간을 하지 않아도 돼요.

KIDS FOOD 2

초간단 토마토주스

1회분

토마토 … 1개(180~200g)
물 … ⅓컵(60g)
꿀 … ½숟가락(5g)

1 토마토는 꼭지를 제거하고 깨끗이 씻은 뒤 듬성듬성 썰어요.

2 믹서기에 토마토와 물, 꿀을 모두 넣고 곱게 갈아줘요.

비타민 듬뿍 채소 오믈렛

소고기시금치프리타타

프리타타는 계란에 채소, 고기, 치즈 등을 넣어 만든 이탈리아식 오믈렛을 말해요.
냉장고에 계란과 약간의 채소만 있다면 근사한 프리타타를 만들어줄 수 있답니다.
저는 여기에 소고기를 넣어 씹는 맛까지 살려주었어요.

영양 노트

- 시금치는 칼슘이 많아 성장기 어린이의 골격형성에 좋으며 단백질, 아미노산이 풍부해 근육을 만드는 데도 효과적이에요. 또한 철분이 많아 빈혈을 예방해준답니다.

2~3회분

시금치 … ½줌(30g)
다진 소고기 … ½줌(40g)
자른 토마토 … ½컵(80g)
자른 양파 … ⅓컵(20g)
자른 버섯 … ⅓컵(15g)
참기름 … 약간
식용유 … 약간

소고기양념

진간장 … ⅓숟가락
올리고당 … ⅓숟가락(3g)
다진 마늘 … 약간(3g)

계란물

계란 … 3개(180g)
우유 … ½컵(90g)
소금 … 약간

1 손질한 시금치는 3등분하고, 토마토와 버섯은 잘게 썰고, 양파는 작게 채썰기해요.

2 다진 소고기에 **소고기양념**을 넣고 조물조물한 뒤 5~10분간 재워둬요.

3 달군 프라이팬에 참기름을 약간 두르고 소고기를 넣어 살짝 볶아줘요.

4 **계란물**을 만들어요. 계란을 잘 풀어준 뒤 우유와 소금을 넣고 체에 한 번 걸러 부드럽게 만들어줘요.

5 달군 프라이팬에 식용유를 두르고 양파와 토마토, 버섯을 넣어 볶다가 시금치를 넣어요.

6 시금치의 숨이 죽으면 불을 약하게 줄인 뒤 계란물**(4)**을 붓고 볶아둔 소고기**(3)**를 넣어요. 프라이팬의 뚜껑을 덮고 약불에서 5~7분간 익혀요.

밍구's TIP!

★소고기 대신 새우, 감자, 고구마 등 다양한 재료를 활용해보세요.
★계란물은 우유 양에 따라 계란의 굳기가 달라져요. 계란의 식감을 조금 단단하게 만들고 싶다면 우유의 양을 줄여주세요.

한입만 베어도 포만감이 가득!

감자단호박샌드위치

포실한 감자와 달큰한 단호박을 섞어 샐러드를 만들어준 뒤 식빵에 얹어 샌드위치를 만들었어요.
샌드위치는 아이와 같이 만들기에 아주 좋은 간식이랍니다.
같이 요리도 하고 그 뿌듯함으로 더 맛있게 먹는 재미를 알려주세요.

영양 노트

- 샌드위치는 15~24개월은 3회분, 25~60개월은 2회분으로 적당한 분량이에요.
- 치즈는 칼슘, 레시틴, 각종 비타민과 무기질이 풍부해 두뇌발달과 성장에 도움을 준답니다. 유아기에는 나트륨 배출이 어려우므로 나트륨 함량이 낮은 제품을 골라주세요.

2~3회분

식빵 … 2장(90g)
단호박 … 1/6개(100g)
감자 … 2개(200g)
당근 … 1/6개(40g)
플레인 요구르트 … 2숟가락(30g)
꿀 … 1/3숟가락(3g)
아기치즈 … 1장(20g)
소금 … 약간

1 단호박은 껍질을 제거한 뒤 듬성듬성 썰어주고, 감자는 반으로 잘라요.

2 찜통에 당근, 감자, 단호박을 넣어 중불에서 15-20분간 익혀요.

3 익은 감자와 단호박은 뜨거울 때 함께 으깨고, 당근은 잘게 다져요.

감자는 너무 많이 으깨지 않아도 괜찮아요.

4 볼에 감자, 단호박, 당근, 플레인 요구르트, 꿀, 소금을 넣고 섞으면 샐러드가 완성돼요.

만들어둔 샐러드는 냉장 보관해뒀다가 차갑게 먹으면 더 맛이 좋아져요.

5 구운 식빵에 아기치즈 1장을 올리고 샐러드를 올려줘요.

개월 수가 어린 아이에게는 식빵 테두리 부분이 약간 퍽퍽할 수 있으니 잘라주세요. 자른 테두리는 냉동실에 얼려두었다가 팬에 구운 뒤 잘라서 수프에 넣어 먹으면 맛있어요.

밍구's TIP! **오픈 샌드위치 만들기**

1 식빵은 앞뒤로 한 번씩 구워준 뒤 4등분하고 그 위에 4등분한 아기치즈를 올려요.
2 감자단호박샐러드를 한 숟가락씩 올려요.
3 그 위에 취향에 맞는 과일을 작게 잘라 올려요.

속 보이는 쫄깃쫄깃한 떡 간식

감자떡

속 안이 훤히 보이는 신기하고 쫀득한 감자떡! 집에서 감자를 직접 갈아 넣어 만들어봤어요.
파는 감자떡과는 또 다른 식감과 맛을 느낄 수 있답니다.

영양 노트

• 갓 이유식을 뗀 아이라면 떡이 목에 걸릴 위험이 있어요. 아주 작게 잘라주거나 되도록이면 먹이지 않는 것이 좋아요.

2~3회분

감자(소) … 3개(300g)
팥소 … 넉넉히(100g)
감자전분가루 … 2숟가락(30g)
물 … 2숟가락(10g)
소금 … 약간
참기름 … 약간

1 감자는 강판에 갈고 면보에 꼭 짜서 감자물을 만들어요. 감자물은 30분간 두었다가 윗물은 조심스레 따라 버리고, 바닥에 깔린 전분만 남겨요.

가라앉은 전분은 처음엔 딱딱하게 느껴질 수 있지만 계속 주물러주면 순식간에 걸쭉한 액체로 변해요.

2 1의 전분, 감자전분가루, 물, 소금을 한데 넣어 반죽해요.

3 반죽을 500원짜리 동전 크기만큼 떼어내 팥소를 넣고 조물조물 주물러 모양을 내줘요.

4 김이 오른 찜통에 넣고 중불에서 15~20분간 쪄요. 다 익으면 참기름을 겉에 살짝 발라줘요.

참기름을 발라주면 떡끼리 서로 달라붙는 것이 방지되고 윤기가 납니다.

밍구's TIP! 팥소 만들기

팥 … ½컵, 물 … 4컵, 설탕 … ½숟가락, 소금 … 약간

1 팥은 깨끗이 씻어 물에 불리지 않고 그대로 사용해요.
2 냄비에 팥이 잠길 만큼의 물을 붓고, 팥을 넣어 한 번 끓인 뒤 처음 삶은 물은 버려요.
떫은맛을 없애줄 수 있어요.
3 한 번 삶은 팥에 분량의 물을 붓고 중약불에서 뚜껑을 덮은 채 은근하게 삶아요.
팥이 다 익으면 마지막에 강불로 확 끓여 냄비에 물기가 최대한 남지 않도록 해주세요.
4 삶은 팥에 설탕, 소금을 넣고 간을 맞추며 으깨줘요.
단 정도는 설탕의 양을 조절하며 맞춰가요.

철분 듬뿍! 맛있는 멕시코풍 간식

연어퀘사디아

아이들이 좋아하는 간식을 좀 더 건강하게 만들어요.
출출한 간식 시간에 고소한 연어가 들어있는 퀘사디아 한 조각만 먹어도 배가 든든해져요.

영양 노트

- 퀘사디아는 15~24개월은 3회분, 25~60개월은 2회분으로 적당한 분량이에요.
- 연어에는 오메가-3가 풍부하여 두뇌 발달에 좋으며, 연어에 함유된 칼슘과 비타민D는 뼈를 튼튼하게 해줘요.

2~3회분

또띠아 … 2장(80g)
연어살 … 1줌(200g)
아기치즈 … 1½장(30g)
채 썬 애호박 … ½컵(40g)
채 썬 당근 … ⅓컵(25g)
채 썬 양파 … ⅓컵(25g)
아기케첩 … 2숟가락(30g)
진간장 … 1숟가락(7g)
올리고당 … ½숟가락(5g)
청주 … 약간
식용유 … 약간

1 연어살은 정사각형 모양으로 작게 썰고 애호박, 당근, 양파는 짧게 채 썰기해요.

2 달군 프라이팬에 식용유를 두르고 연어살과 청주를 넣어 강불에서 볶아요.

3 달군 프라이팬에 식용유를 두르고 애호박, 당근, 양파를 넣어 1분간 볶아요.

4 여기에 연어(2)를 넣고 아기케첩(p.21 참고), 간장, 올리고당을 넣고 볶아 연어채소소를 만들어요.

시판 아기용 케첩 또는 토마토소스를 사용해도 괜찮아요. 이 경우 간장과 올리고당은 빼주세요.

5 또띠아는 2장 다 앞뒤로 살짝 구워 준 뒤 1장을 프라이팬에 깔고 연어채소소(4)를 올려줘요. 그 위에 아기치즈를 나란히 올려요.

6 나머지 또띠아 1장으로 그 위를 덮어 치즈가 녹을 때까지 약불에 익혀줘요.

밍구's TIP! ★연어 대신 불고기나 닭고기를 사용해도 좋아요.
★연어는 꼭 가시가 제거되어 있는 부위로 구입해서 사용하세요.

언제나 옳은 치킨 활용 간식

팝콘치킨

한입에 쏙쏙 들어가 먹기 좋은 치킨이 왔어요.
이젠 집에서 건강한 기름으로 닭을 튀겨 엄마표 치킨을 만들어줘요.
치킨은 우리 집 도도형제가 잘 먹는 메뉴이기도 해요. 아이 도시락 반찬으로도 인기 만점입니다!

영양 노트

- 팝콘치킨은 15~24개월은 3회분, 25~60개월은 2회분으로 적당한 분량이에요.
- 방울토마토, 키위 등 상큼한 과일이나 샐러드를 곁들여주세요.

2~3회분

닭가슴살 … 2덩어리(150g)
우유 … 1컵(180g)
감자전분가루 … 2½숟가락(22g)
밀가루 … 1숟가락(15g)
식용유 … 넉넉히

닭고기밑간

카레가루 … ⅓숟가락(5g)
소금 … 약간

1 닭가슴살을 우유에 넣고 10분간 재운 뒤 찬물에 씻어요.

2 한입 크기로 깍둑썰기해요.

3 여기에 **닭고기밑간** 재료를 넣고조물조물한 뒤 5~10분간 재워둬요.

4 비닐봉투에 닭가슴살(3), 감자전분가루, 밀가루를 넣고 흔들어 닭고기에 반죽을 골고루 묻혀줘요.

5 기름을 170~180도 정도로 예열한 뒤에 중불로 줄이고, 닭가슴살을 하나씩 넣어 3~5분간 속까지 익도록 노릇하게 튀겨줘요.

기름 예열 정도는 나무젓가락을 넣었을 때 기포가 보글보글 올라올 때가 적당해요.

아빠 & 엄마도 먹어요!

고춧가루 1숟가락, 올리고당 2숟가락, 다진마늘 ½숟가락, 케첩 2숟가락, 물 2숟가락을 넣고 섞어준 뒤 한 번 끓여내 닭가슴살에 묻혀주면 아빠, 엄마 술안주로도 좋은 양념치킨이 완성됩니다.

특별한 날, 꼭 만들어주고 싶은 떡!

수수팥떡

우리 아이들 백일상과 돌상에 빠질 수 없는 수수팥떡이에요. 저도 도도형제의 생일마다 열심히 만들어주고 있어요. 갓 만든 수수팥떡을 따끈따끈할 때 아이 입속으로 쏙 넣어주면 정말 얼마나 뿌듯한지 몰라요. 수수팥떡은 아이의 무병장수를 기원하는 의미가 담겨 있다고 해요.

영양 노트

- 팥은 곡류 중에서도 비타민B1 함유량이 많아 피로 회복과 소화를 돕는 데 효과적이에요. 또한 사포닌 성분이 장 운동을 자극해 변비에 좋답니다. 단, 과하게 먹으면 설사를 유발할 수 있으니 적당히 섭취하도록 해주세요.

5~6회분

팥고물

팥 … 1컵(150g)
물 … 5컵(900g)
설탕 … 2숟가락(15g)
소금 … 1꼬집

떡 반죽

수수가루 … 1컵(100g)
찹쌀가루 … 1컵(100g)
뜨거운 물 … ⅔컵(120g)
설탕 … ½숟가락(5g)
소금 … 약간

1 **팥고물**을 만들어요. 팥은 깨끗이 씻어준 뒤 물 2컵을 넣고 팔팔 끓여요. 첫 물은 버리고 다시 물 3컵을 넣어 팥이 잘 으깨질 때까지 중약불에서 은근하게 끓여요.

처음 끓인 물을 버려야 팥에서 떫은맛이 나지 않아요. 불린 팥을 이용하면 끓이는 시간을 단축할 수 있어요.

2 팥이 익을 동안 **떡 반죽**을 해요. 수수가루와 찹쌀가루를 체에 쳐서 넣고 설탕, 소금으로 간한 뒤 뜨거운 물을 붓고 숟가락으로 휘저어 몽글몽글해지면 손으로 반죽해요.

쌀가루는 밀가루와 달리 점성이 없어 뜨거운 물로 반죽해야 점성이 생겨 반죽하기가 수월해요.

밍구's TIP!

★수수팥떡은 금방 쉬어버리기 때문에 빠른 시간에 먹는 게 좋아요.

★남은 팥고물은 냉동 보관해뒀다가 해동해서 한 번 더 볶은 뒤 사용할 수 있어요.

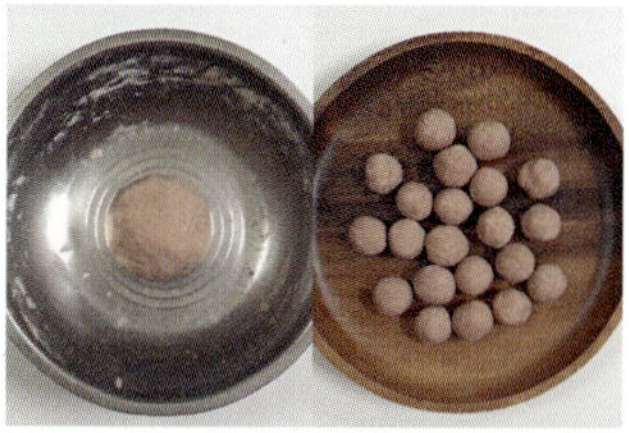

3 반죽은 되도록 되게 하는 것이 좋아요. 질게 하면 떡을 쪘을 때 모양이 유지되지 않고 식감이 흐물거리게 돼요. 동글동글 작은 크기로 경단을 빚어주세요.

4 팥에 남아 있는 물기가 거의 없을 정도로 충분히 다 익으면 설탕, 소금을 넣고 으깨줘요.

팥의 식감을 살리고 싶다면 대충 으깨주세요.

5 으깬 팥은 프라이팬에 넣고 약불에서 15~20분간 볶아 팥고물이 약간 고슬고슬해지면 불을 끄고 잠시 식혀둬요.

수분을 날려야 팥고물이 떡에 잘 달라붙고 금방 상하지 않아요. 너무 오래 볶지는 말고 팥고물이 질척하지 않을 정도로만 볶아주세요.

6 끓는 물에 경단(3)을 넣고 경단이 떠오르면 2~3분간 더 끓인 뒤 건져요.

7 건져낸 경단은 바로 팥고물에 넣고 골고루 묻혀줘요.

아이들이 좋아하는 만두를 집에서 뚝딱

갈비만두

아이들이 너무 좋아하는 갈비만두. 달달하게 떡갈비 양념한 고기소를 직접 만든 쫄깃한 만두피에 넣고 푹 쪄줬어요. 요리조리 아이들과 함께 개성 있는 모양의 만두를 재미있게 만들어 먹을 수 있어서 좋아요.

영양 노트

• 만두는 15~24개월은 3회분, 25~60개월은 2회분으로 적당한 분량이에요.

2~3회분

다진 소고기 … 1줌(80g)
다진 돼지고기 … 1줌(80g)
다진 부추 … 1줌(30g)
다진 양파 … 1숟가락(10g)
다진 마늘 … ½숟가락(7g)
다진 파 … ⅓숟가락(4g)
진간장 … 1½숟가락(10g)
올리고당 … 1숟가락(10g)
참기름 … 1숟가락(8g)

만두피

중력분 … 1½컵(150g)
물 … ⅓컵(60g)
계란 흰자 … 1개 분량(35g)
소금 … 약간
식용유 … 약간

밍구's TIP! 만두는 멸치다시육수에 넣어 만둣국으로 끓여 먹어도 좋고, 만두피를 좀 더 얇게 만들어서 군만두처럼 튀겨내도 좋아요. 만두소는 둥글넓적한 모양으로 빚어서 떡갈비로 드실 수도 있어요.

1 볼에 **만두피** 재료를 모두 넣고 숟가락으로 휘휘 저어 몽글몽글한 형태를 만들어요

2 손으로 꾹꾹 눌러 여러 번 치대 반죽한 뒤 실온에서 1시간 정도 숙성시켜요.

만두피를 만들기가 번거로우면 시판 만두피를 사용해도 좋아요.

3 다진 소고기와 돼지고기에 모든 재료를 넣고 잘 섞어 만두소를 만들어요.

4 숙성시킨 반죽은 반으로 나눈 뒤 길게 만들어 일정한 간격으로 뚝뚝 썰어줘요.

만두를 크게 만들고 싶으면 간격을 넓게, 작게 만들려면 간격을 짧게 썰어요.

5 반죽은 손바닥으로 꾹 눌러준 뒤 밀대로 동그랗고 얇게 밀어요.

정확한 동그라미 모양이 아니어도 괜찮아요.

6 만두피에 **3**의 만두소를 넣고 만두를 빚어요.

7 김이 오른 찜통에 만두를 넣고 중불에서 15~20분간 쪄내요.

옛 추억이 떠오르는 구수한 맛

크랜베리우유찜케이크

어렸을 때면 할머니께서 종종 옥수수전분과 건포도, 막걸리를 넣어서 술빵을 만들어주시곤 했었는데요. 따로 버터가 들어가지 않았어도 그게 왜 그렇게 맛있었나 몰라요. 그 촉촉한 식감을 떠올리며 크랜베리와 우유를 넣어서 폭신하게 찜기에 쪄주었어요. 크랜베리를 좋아하는 우리 도도형제들도 따뜻할 때 우유와 같이 간식으로 내어주면 아주 좋아해요.

영양 노트

- 찜케이크는 15~24개월은 3회분, 25~60개월은 2회분으로 적당한 분량이에요.
- 우유에는 뼈 건강과 키 성장에 도움이 되는 칼슘, 인, 단백질, 비타민D 등이 풍부해 유아기에 흰 우유를 꾸준히 섭취하는 것이 좋아요.

2~3회분

건크랜베리 … ½컵(25g)
밀가루(박력분) … 1컵(100g)
베이킹파우더 … ⅕숟가락(2g)
우유 … ⅔컵(120g)
설탕 … 1½숟가락(12g)
소금 … 약간

1 밀가루와 베이킹파우더를 섞어 고운체에 한 번 내려요.

2 여기에 우유와 설탕, 소금을 넣어 가루가 날리지 않을 정도로만 섞어 반죽해요.

너무 많이 뒤적거리면 익혔을 때 반죽이 잘 부풀지 않아요.

3 반죽에 건크랜베리를 넣고 골고루 섞어요.

4 반죽을 머핀 틀 ⅔ 정도까지만 채워 넣어요. 이때 건크랜베리 3~4개 정도를 반죽 위에 얹어주면 익혔을 때 모양이 예쁘게 나와요.

반죽을 틀에 꽉 차게 부어주면 찌는 도중 넘칠 수 있어요.

5 찜기에 물을 채우고 끓이다 찜기 속 물이 끓으면 **4**를 넣고 뚜껑을 닫은 뒤 중불에서 8~12분간 익혀줘요.

젓가락으로 찔렀을 때 반죽이 묻어나오지 않을 정도면 돼요.

길거리 인기 메뉴를 집에서 즐겨요~

미니핫도그 · 복숭아바나나스무디

집에서 직접 깨끗한 기름으로 엄마표 미니핫도그를 튀겨주세요.
아이가 먹기 편하게끔 작은 사이즈로 만들어주면 만들자마자 눈앞에서 핫도그가
순식간에 사라져버리는 마법을 보실 수 있을 거예요.

영양 노트

• 핫도그와 스무디는 15~24개월은 3회분, 25~60개월은 2회분 분량으로 적당해요.

KIDS FOOD 1

미니핫도그

2~3회분

미니 소시지 … 10개(80g)
빵가루 … 1컵(65g)
식용유 … 넉넉히

핫도그 반죽

쌀핫케이크 가루 … 1컵(100g)
우유 … ⅓컵(60g)
계란물 … ½개 분량(25g)

1 소시지는 끓는 물에 한 번 데친 뒤 꼬치를 끼워요.

소시지의 불순물과 기름기, 염분을 제거해줄 수 있어요.

2 냄비에 식용유를 넉넉히 붓고 일반 튀김 온도보다 낮은 약 160도 정도로 예열해요. 소시지를 **핫도그 반죽**에 담가 수직으로 들어 올린 뒤 냄비에 넣고 중약불에서 앞뒤로 굴리며 재빨리 튀겨내요.

3 튀겨낸 핫도그에 다시 핫도그 반죽 한 번, 빵가루 한 번 묻혀주세요.

좀 더 바삭한 식감과 폭신한 빵을 만들기 위함이나 이 과정을 생략해도 괜찮아요.

4 기름에 한 번 더 튀겨내요.

밍구's TIP! **핫케이크 가루 만들기**
시판 핫케이크 가루 대신 직접 만들고 싶다면 체 친 밀가루(박력분) 1컵, 설탕 1숟가락, 베이킹파우더 1꼬집, 소금을 약간 넣고 섞어주세요.

KIDS FOOD 2

복숭아바나나 스무디

2~3회분

천도복숭아 … 1개(150g)
바나나 … ½개(75g)
우유 … 2½컵(450g)
꿀 … 약간

1 천도복숭아는 껍질을 깐 뒤 얇게 잘라주고, 바나나도 작게 썰어요.

2 믹서기에 복숭아, 바나나, 우유, 꿀을 모두 넣어 곱게 갈아줘요.

우유의 양으로 걸쭉함을 조절해주세요. 우유를 1컵만 넣고 갈아 냉동해 아이스크림 대신 먹어도 좋아요.

치킨이 부럽지 않은 단짠 간식

닭봉조림

홈파티 요리로도 손색없는 닭봉조림을 아이들 간식에 맞게 양념해봤어요.
아이 친구들이 놀러왔을 때도 간식으로 내면 인기 만점이랍니다.

영양 노트

- 어린 아이들은 먹기 좋게 살만 발라내주세요.

3회분

닭봉 … 6조각(210g)
우유 … 1컵(180g)
올리고당 … ½숟가락(5g)

조림양념

물 … 1½컵(270g)
진간장 … 1숟가락(7g)
올리고당 … ⅔숟가락(7g)
대파 … ½대(40g)
마늘 … 1쪽(10g)

1 닭봉은 우유에 10~20분간 재워요.

육질을 부드럽게 해주고 잡내를 제거해줘요.

2 끓는 물에 닭봉을 넣고 3분간 끓인 뒤 찬물에 깨끗이 씻어 불순물을 제거해줘요.

3 씻은 닭봉에 **조림양념**을 넣고 강불에서 끓어오르면 중약불로 줄인 뒤 15~20분간 더 끓여요.

갓 이유식을 뗀 아이라면 닭봉의 기름기가 부담스러울 수 있어요. 2번 과정에서 닭의 껍질을 제거한 뒤 사용하면 기름기가 훨씬 많이 줄어들어요.

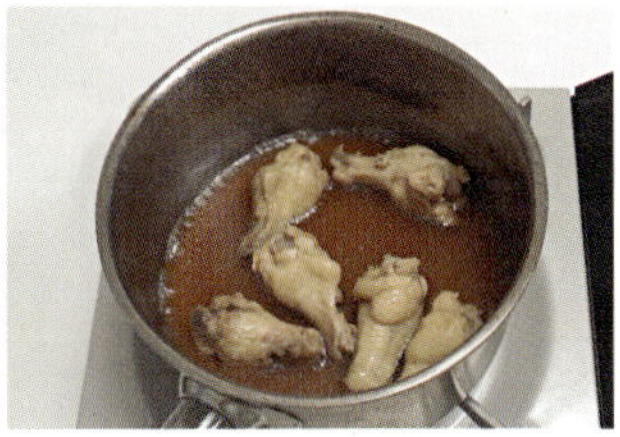

4 닭고봉기에 양념이 충분히 배었으면 파, 마늘을 건져요.

5 올리고당 ½숟가락을 넣고 강불에서 1~2분간 더 조린 뒤 불을 꺼요.

마지막에 올리고당을 넣어 강불에서 조리하면 윤기나게 조릴 수 있어요.

말랑말랑한 떡과 치즈가 쏙 들어간 고소한 간식

베이컨치즈떡말이

아이들은 물론 엄마, 아빠도 간식으로 맛있게 즐길 수 있는 요리랍니다.
취향에 따라 베이컨 안에 떡 대신 두부, 아스파라거스, 두릅 등 다양한 재료를 넣어서 만들어보세요.

영양 노트

- 갓 이유식을 뗀 아이라면 떡이 목에 걸릴 위험이 있어요. 아주 작게 잘라주거나 되도록이면 먹이지 않는 것이 좋아요.
- 베이컨은 짜지 않은 저염 제품을 사용하세요.

2~3회분

베이컨 … 4장(80g)
떡볶이떡(쌀떡) … 8개(145g)
아기치즈 … 2장(40g)
식용유 … 약간(5g)

1 떡볶이떡은 팔팔 끓는 물에 30초 간 데친 뒤 찬물에 헹궈 물기를 빼요.

2 베이컨은 2등분, 치즈는 4등분으로 잘라서 준비해요.

#간을 약하게 하고 싶다면 치즈를 6~8등분해서 조금만 사용해요.

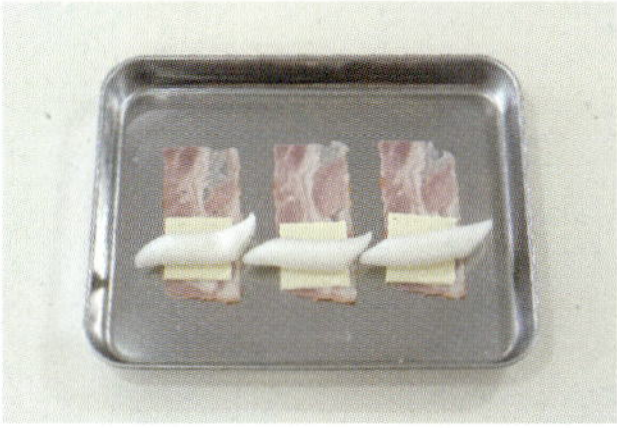

3 베이컨 위에 치즈와 떡을 얹어 돌돌 말아요.

4 달군 팬에 기름을 두르고 베이컨의 말린 끝부분이 먼저 팬에 닿도록 올려 약불에서 앞뒤로 노릇하게 구워요.

밍구스 식판

개정 1쇄 발행 2021년 6월 23일
개정 2쇄 발행 2021년 11월 1일

지은이 김민정
감수 김형미
펴낸이 김영조
콘텐츠기획팀 김은정, 김희현
액티비티북팀 박유경
디자인팀 정지연
마케팅팀 이유섭, 박혜린
경영지원팀 정은진
외부스태프 표지 촬영 이과용, 이병주(15스튜디오)
펴낸곳 싸이프레스
주소 서울시 마포구 양화로7길 44, 3층
전화 (02)335-0385/0399
팩스 (02)335-0397
이메일 cypressbook1@naver.com
홈페이지 www.cypressbook.co.kr
블로그 blog.naver.com/cypressbook1
포스트 post.naver.com/cypressbook1
인스타그램 싸이프레스 @cypress_book
스티커 아트북 @cypress_stickerartbook
출판등록 2009년 11월 3일 제2010-000105호

ISBN 979-11-6032-129-6 13590